JN051337

大学教育を変える、
未来を拓く インターンシップ

監　修：一般社団法人産学協働人材育成コンソーシアム
協　力：独立行政法人日本学生支援機構
編　著：松高　政

巻頭言

独立行政法人日本学生支援機構学生生活部長
井上　示恩

はじめに(インターンシップ専門人材の育成)

「インターンシップの推進に当たっての基本的考え方」（平成９年９月）より、大学等における教育的効果の高いインターンシップの推進が、高等教育政策の重要な課題となっている。

この政策的な背景のもと、独立行政法人日本学生支援機構（JASSO）及び一般社団法人産学協働人材育成コンソーシアム（CIAC）においては、双方連携して、文部科学省が提示した専門人材育成の枠組み【STEP1】～【STEP3】に基づき、インターンシップ専門人材育成の体系的プログラムの構築を進めてきた。

JASSOでは、【STEP1】を基礎編として、文部科学省の提示する枠組みの前提となるマインドセットを【STEP0「知識・姿勢を身に付けている」レベル】として設定し、インターンシップ専門人材セミナーを開催している。

CIACでは、【STEP2】を実践編、【STEP3】を発展編としてインターンシップの推進に係る専門人材研修会を開催している。

このように体系的なプログラムを段階的に実施することにより、受講者にインターンシップに関する知識、スキル、思考等を確実に習得いただくなどして、教育的効果の高いインターンシップ推進のための人材育成を行っている。

これまでに、全国から多くの教職員の方々に参加いただき、各大学等において活躍されているところである。

「文部科学教育通信」誌による連載記事

前述の状況を踏まえ、「文部科学教育通信」の連載記事として、シリーズ「大学教育を変える、未来を拓くインターンシップ」を企画した次第である。具体的には、教育的効果の高いインターンシップを推進するため、「学長が語るインターンシップ」と「インターンシップ専門人材実践レポート」の二本立てで、全20回掲載させていただいた。

本シリーズにより、教育的効果の高いインターンシップを推進するための知見を得ることができたことに感謝している。

学長が語るインターンシップ

インターンシップを大学教育として位置づけ、高い教育的効果によって学生を育成し、大学教育を変えていこうとする、先駆的な取組をしている大学等の学長に、トップとしてのお立場からのインターンシップや大学教育に対する想い、持論、哲学等についてインタビューした。各学長からは、それぞれの大学等で実施されているインターンシップの取組内容や大学教育改革について、忌憚のないお考え等を説得的かつ熱心に語っていただいた。

インターンシップ専門人材実践レポート

インターンシップの専門人材として大学等で活躍している方に、学内外での役割、業務等と自らが活躍することによって生み出された高い教育的効果や、そこでかかえる課題への悪戦苦闘等の様子をレポートしていただいた。

おわりに（トップと専門人材）

本連載第1回に松高氏（CIAC代表理事）が次のように記載されている。

「現場で実践を担う専門人材だけの力では、インターンシップを大学教育の主要な構成要素として位置づけ、大学教育改革につなげていくには限界がある。学長のトップマネジメントにより全学的、組織的に取り組んでいくことが不可欠である。この両輪があって初めて大学教育を変えるインターンシップが実現する。

専門人材の実践と学長のトップマネジメント、それは縦糸と横糸をなすものである。その織り上がった先にどのような文様が浮かんでくるのか。果たして「未来を拓くインターンシップ」とはどのような色合いなのであろうか。楽しみにしていただきたい。」

それから10カ月に及ぶ本連載は、読者にはどのように受け止められたのか。縦糸と横糸はどのような布を織り上げたのか。是非、文部科学省のインターンシップ届出制度や、JASSO・CIACの主催する研修で先進事例として発表いただければ幸甚である。

最後に、株式会社ジアース教育新社には、教育的効果の高いインターンシップを推進するというJASSO・CIACの使命に賛同いただき多大なお力添えをいただいたことに謝辞を述べたい。

また、自校の取組を紹介いただいた学長、専門人材にも心から感謝申し上げたい。

目　次

はじめに

「インターンシップが、大学などで、普通に行われている社会は、望ましい社会だと思いますか？」

「もし、それが望ましい社会だとしたら、日本でそうならない一番大きな課題、原因は何だと思いますか？」

ある政府の会議に呼ばれたとき、座長の議員から受けた質問である。会議には、それなりの準備をして出席したつもりであったが、全く想定していない質問であり、どのように答えていいのか戸惑った。あれやこれやいろいろ説明したのであろうが、今やその内容はほとんど覚えていない。「なんでもっとうまく答えられなかったのか……」「こんな基本的で、本質的な問題を考えてこなかったのか……」。覚えているのは、後悔の念だけである。あの時以来、「今だったらどのように答えるか？」という自問自答を何度も繰り返している。

もちろん、この質問をした議員が意味しているインターンシップとは、教育的な就業体験としてのインターンシップである。昨今流行の「1Day（ワンデー）インターンシップ」に象徴される採用型のインターンシップではない。採用型インターンシップであれば、日本はすでに「普通に行われている社会」である。しかし、望ましい社会ではない。

現在、インターンシップは、過渡期である。

日本経済団体連合会（経団連）は2017年に、インターンシップは「5日間以上」とする日数規定を廃止した。併せて「インターンシップ本来の趣旨を踏まえ、教育的効果が乏しく、企業の広報活動や、その後の選考活動につながるような1日限りのプログラムは実施しない」よう求めたが、すでに多くの企業では、ワンデーインターンシップを会社説明会として利用し、採用につなげていた。早期に内定を得たい学生もインターンシップを就職活動の一環と考えており、インターンシップ経由の就職・採用活動が一段と加速していた。就業体験として位置づけられてきたインターンシップと就職・採用活動の垣根が低くなった。

そして2018年、経団連は、加盟企業の採用面接の解禁日などを定めた指針を2021年春入社の学生から廃止することを決定した。新たなルールづくりは政府主導となり、大学側や経済界と協力し策定する方針となった。

就活ルールは拘束力がないためルールを逸脱して選考活動を進める企業は多く、形骸化が指摘されてきた。経済界が主導するルールがなくなることで、横並びの新卒一括採用を見直す動きも広がってきた。政府主導のルールは企業への要請によるもので拘束力が高まる効果は期待しにくい。若者の減少で人材争奪は激しさを増す一方なだけに、今後、就活の早期化がますます進む可能性が高まった。その出発点として重宝されるのがインターンシップである。

このような状況に敏感に反応する大学も現れてきた。インターンシップが実質的に就職・採用活動のファーストステップとなっている現状から、正課としてのインターンシップ科目を廃止し、採用型インターンシップに学生を積極的に参加させるという大学も複数現れてきた。

確かに、正課科目としてのインターンシップに学生が集まらず、企業主催の採用型インターンシップに学生が流れてしまうという現象が多くの大学で発生している。学生からしてみれば、事前・事後学習も含め長期間拘束される正課科目型インターンシップよりも、1日、2日で完結する採用型インターンシップの方が、気楽に参加でき、多くの企業を知ることができるため、手っ取り早いといえばその通りである。しかも、それが内定獲得につながるのであれば、なおさらのことである。

しかし、採用型インターンシップといっても、採用につながるのは一部の大手企業だけであり、多くの中小企業では採用につながるどころか、そもそも学生が集まってくれない。

ワンデーインターンシップ、採用直結型インターンシップは、今に始まったことではない。2004年4月5日付の日本経済新聞（朝刊）一面に掲載された採用関連記事の写真には次のような説明書きがある。

「富士通の『ワンデーインターンシップ』には多くの学生が集まる」

今から15年以上も前の記事である。ワンデーインターンシップ、採用直結型インターンシップは、すでにそのころから行われていた。

「就職超氷河期」と呼ばれた当時であっても、中小企業には学生が集まらず、各地の経済団体も総出でインターンシップを推進していた。中小企業にしてみれば、学生は大手企業ばかりに集中し、内定を出したところで簡単に辞退されてしまう。結局、採用活動で起きていることが、インターンシップでも同じように起こっているだけのことであった。

早期に採用活動をし、内定を出したとしても入社までうまく導くことができず、その後に採用活動を始めた人気企業に学生を奪われてしまう。結局、もう一度、採用活動を行わざるを得ない。このように手間もエネルギーもかかる割には、成果につながらず、2004年卒からの倫理憲章強化を良い機会として、インターンシップを経由した早期採用活動は姿を消していった。

問題の構図は、今とほとんど変わらない。15年前にうまくいかなったことを、今、どのように工夫をし、進めていくのであろうか。2002年8月26日付日本経済新聞（朝刊）のインターンシップ関連記事の最後にこのようにまとめられている。「採用制度の中にインターンシップをどのように位置づけていくのか、産学が連携して再検討すべき時に差し掛かっている」。再検討すべき時期に差し掛かり、早15年。そして今、同じように再検討が始められている。

その再検討の具体的な一つとして、2020

年3月に経団連から「Society 5.0に向けた大学教育と採用に関する考え方」という提言が出された。この提言は、経団連と国公私の大学トップにより構成された「採用と大学教育の未来に関する産学協議会」の議論をまとめたものである。提言のタイトルからも分かる通り、今後の採用活動の在り方について重点的に議論された。その提言の趣旨は、「日本の長期にわたる雇用慣行となってきた新卒一括採用（メンバーシップ型採用）に加え、ジョブ型雇用を念頭においた採用（ジョブ型採用）も含め、学生個人の意志を尊重した複線的で多様な採用形態」への移行である。これまでの画一的な「新卒一括採用」から「複線的で多様な採用形態」への移行を目指している。

「複線的で多様な採用形態」への移行に重要な役割を果たすのがインターンシップである。そのためには、インターンシップの位置づけを変える必要があり、我が国のインターンシップの基本的枠組みを提示してきた文部科学省、厚生労働省、経済産業省による「インターンシップの推進に当たっての基本的考え方」（2015年12月）およびその留意点（2017年10月）の見直しをこの提言では求めている。この基本的な考え方は、インターンシップに関する共通した基本的認識や今後の推進方策の在り方を提示しており、この考え方に沿ってわが国のインターンシップは推進されてきた。この基本方針を変更せよという、かなり踏み込んだ要求と言えよう。

わが国のインターンシップは、この基本的な考え方に則り、以下の枠組みで進められてきた。

・「学生が在学中に自らの専攻、将来のキャリアに関連した就業体験を行うこと」
・「社会・地域・産業界等の要請を踏まえ、将来の社会・地域・産業界等を支える人材を産学連携による人材育成の観点から推進するものであり、自社の人材確保にとらわれない広い見地からの取組が必要」
・「インターンシップは、企業等の場における学生に対する教育活動」である

つまり、「インターンシップは教育活動であって、自社の人材確保のための採用活動ではない」ということである。特に、文部科学省は、この原理原則をこれまで頑なに守ってきたと言える。

しかし、この提言では、この原理原則のため、以下のような課題が生じていると指摘する。

・参加対象が在学中の学生に限られている（卒業後の参加は基本的に想定されていない）
・採用選考を目的としたインターンシップは想定されておらず、学生・企業を含めた一般的な認識や運用乖離が生じている。

このような課題は、「Society 5.0における採用とインターンシップのあり方」を阻むものであり、早急に解決すべき、というのがこの提言の主張である。

この提言においては、インターンシップを採用につなげて可とするのは、大学院生に限ったジョブ型採用のインターンシップであり、全ての大学生、全てのインターン

シップを対象に採用につなげるべきという主張ではない。しかし、大学院生という限定的な対象であっても、「インターンシップを採用につなげる」ことを公に認めることは、これまでの原理原則から踏み出す大きな一歩であることは間違いない。「パンドラの箱」がついに開けられるわけだが、今後、それがどのような展開になっていくのかは、産業界、大学、それぞれの思惑、行動によるものであろう。

インターンシップ経由の早期の採用活動が花盛りであった同じ頃、日本インターンシップ学会第4回研究大会が2003年に開催された。研究大会では、「キャリアの視点からのインターンシップ」というテーマでパネルディスカッションが行われた。パネリストのお一人として登壇されたのが、わが国のキャリア教育の推進に中心的な役割を果たされてきた渡辺三枝子先生（筑波大学名誉教授）である。

このパネルディスカッションで、渡辺先生は次のようにご発言されている。

「キャリアという概念を使う限りにおいて、そこでは個が生きる、生きるための力をどうするのか、その個は社会の中に生きているから、インターンシップは社会と個との関係をつないでいくということになるのだと思うのですが、今、流行り、注目されつつあるのは、どちらかというとインターンシップのハード作りであって、個と社会、つまりそういう経験を通して、個が何を得てきて、それをどう自分の中に位置づけていくかというところを援助するところがすっぽりと抜けている、つまり、そういうインターンシップを運営する側の『人間の育成』が欠けているのではないかという思いがしてきたということです。」

※日本インターンシップ学会「インターンシップ年報」第7号、2004年、p.116より引用

同じ年の2003年2月24日付の日本経済新聞（朝刊）には「WOWOWの新卒採用就業体験者に限定」という見出しで「衛星放送大手のWOWOWは来年春入社組の新卒採用から全員をインターンシップ（就業体験）制度を活用して採用する」という記事が掲載されている。ミレニアムの幕開け当時、インターンシップと採用の関係はこのような状況であった。

ご本人に確認したわけではないが、渡辺先生のご発言は、このような状況への憂い、危惧を抱かれてのことだったのではないかと推察される。インターンシップにキャリア教育、キャリア発達という視点が完全に抜け落ちているという指摘であろう。

渡辺先生は、カウンセリング心理学がご専門である。パネルディスカッションでは、わが国におけるスクールカウンセリング、キャリアカウンセリングが、アメリカで開発されたハード（プログラムや教材）をそのまま輸入しただけで、そもそも何が問題で、何を解決しようとしているのか、大事な点は何なのか、という本質的な問題意識がすっぽり抜けており、ハードだけが先行しているという危機感、懸念を述べられている。インターンシップにおいても、同じ現象になっているのではないかという指摘である。「仏作って魂入れず」という

ことであろう。

「キャリアという概念を使う限りにおいて、そこでは個が生きる、生きるための力をどうするのか、その個は社会の中に生きているから、インターンシップは社会と個との関係をつないでいくということになるのだと思う」という点は、まさにインターンシップにおけるキャリア発達の重要性の指摘である。キャリアをデザインしていくためには、その基礎能力が必要であって、その基礎能力を獲得し、促進させるためのプログラムがインターンシップである。その観点がすっぽりと欠けているのではないかという問題提起である。

ここで言う「基礎能力」とは、いわゆる「読み・書き・そろばん」といった学力的な基礎学力ではなく、キャリアをデザインしていくために求められる能力（Competency）である。その代表的な基礎能力は、2004年に文部科学省「キャリア教育の推進に関する総合的調査研究協力者会議報告書―児童生徒一人一人の勤労観、職業観を育てるために―」で提示された「職業観・勤労観を育む学習プログラムの枠組み（例）」である。4領域と8つの能力より構成されている。

人間関係形成能力：自他の理解能力とコミュニケーション能力

情報活用能力：情報収集・探索能力と職業理解能力

将来設計能力：役割把握・認識能力と計画実行能力

意識決定能力：選択能力と問題解決能力

渡辺先生は、インターンシップにキャリア教育、キャリア発達の観点が欠けている原因は、「インターンシップを運営する側の『人間の育成』が欠けているのではないか」と指摘されている。今でこそ、ようやく「インターンシップ専門人材」の存在とその必要性について少しは知られるようになってきたが、当時は全くといっていいほど理解されておらず、議論もされていなかった。

そもそも「インターンシップ専門人材」とは、どのような人材なのであろうか？文部科学省の定義によると「教育的効果の高いインターンシップの構築・運営ができ、大学等と企業との間で調整を行う専門的知見を持った人材」である。（文部科学省「インターンシップの更なる充実に向けて―議論の取りまとめ」2017年6月）

海外において、インターンシップが高等教育の基本的機能として組み込まれている国では、一般的に存在し、学生、企業、大学それぞれにメリットをもたらす重要な役割を担っている。日本の大学組織では該当する職務・職位等がないため、イメージの難しい人材像である。我が国のインターンシップが未だ質的、量的ともに課題がある大きな要因は、この専門人材が存在していないからである。

カナダの「カナダ・コーオプ教育協会（Canadian Association for Co-operative Education ）」のマニュアルには、専門人材について次のように定義されている。

「専門人材は専門職員、教員、あるいは事務職員等、職種に関わらず、役職名（コーディネーター、エデュケーター、コンサルタント）や当該役職に就くために必要とされる学歴（ディプロマ、学位、大学院学位）に関わらず、いかなるプログラムにおいても主力スタッフである。

専門人材は雇用組織（企業）を勧誘し、学生の興味を惹き、学習者を育て、教育組織内のあらゆるレベルにおいて、そして外部団体に対して、プログラム領域や専門知識領域の代弁者となる。」

そして、この定義の解説として、「インターンシップが、十分に機能し、継続的に進化し、学内に定着していくためには、教員部門と職員部門の相互理解に基づく連携・協働が必要であり、専門人材はその橋渡し・翻訳を担う、中間ハブ的な役割が求められている。

このような哲学のもとに、教員・職員の垣根を越えて人材育成を考え、インターンシップを推進する専門人材が教員部門・職員部門それぞれに育つことを後押しし、結果として大学における競争力強化につながる」と述べられている。

インターンシップ専門人材は、プロフェッショナルな職種として確立しており、学生、企業、大学にとって意義あるインターンシップを推進するためには不可欠な人材なのである。

わが国においても、インターンシップが今後どのような位置づけになっていくか、その分かれ目という状況において、インターンシップ専門人材の育成・配置はますます重要となる施策である。

ここまで、インターンシップと就職・採用、インターンシップとキャリア教育、キャリア発達、その関係についての現状、課題について概観してきた。次に、近年のインターンシップに関する高等教育政策を整理したい。

私も、これまで文部科学省、経済産業省のインターンシップに関連する委員会等に参加する機会があった。正直な感想として、議論のための議論、報告書を出して終わり、という印象で、質的にも量的にも、インターンシップが変わっていく気がしなかった。

しかし、近年はインターンシップが変わっていくのではないか、そんな予感がしている。逆に、このタイミングで変わらないのであれば、きっとこの先も変わらないのだろうとも思う。

2017年6月に「インターンシップの更なる充実に向けて 議論の取りまとめ」が文科省より公表された。本取りまとめにおいて、「大学等におけるキャリア教育・職業教育や専門教育を強化していくために、産学協働で人材育成に取り組むことが重要となっており、その中でもインターンシップは効果的な教育手法」と強調されている。

これを受け、文部科学省は、「インターンシップ推進方策実行ワーキンググループ」を設置し、具体的な政策について検討を進めた。その成果として、2018年度より「届出制度・表彰」「専門人材の育成・配置」が開始された。どれほどの効果をもたらすのかは今後の展開を見ないと分からないが、単に報告書を出して終わりということではなく、それに続く具体的な施策につながったことは大きな前進である。

さらに、2018年5月に文部科学省より「大学改革としてのインターンシップの推進に係る専門人材の育成・配置について—組織的なインターンシップの推進に向けた、専門人材の役割の明確化—」が全国の大学等へ発信され、専門人材の育成・評価についての周知が図られた。「大学改革としてのインターンシップ」という刺激的な標題に、インターンシップを大学教育として位置付けていきたいという文部科学省の想いを感じた。

高等教育において、これまでは“外”と認識されてきたインターンシップを“内”の構成要素として位置づけ、社会との連携・協働により学生の主体的な学修を促すために「社会に開かれた教育課程」を目指すことである。現状、大学教育において社会と最も接近している教育活動の一つがインターンシップである。

これまでのインターンシップが主に目指してきた、学生の汎用的能力獲得、職業・キャリア意識形成、就職活動・内定獲得への接続といった教育的効果はもちろん引き続き重要な役割である。こらからのインターンシップには、さらに「大学教育を変える」という、新たな役割が求められてきた。その意味で、私は「インターンシップ2.0」と呼んでいる。

しかし、わが国におけるインターンシップはそもそも、平成9年に文部省（当時）の「教育改革プログラム」において、高等教育における創造的人材育成に大きな意義を有するという観点のもとで開始された。

その後、職業意識・職業観の未熟さ、進路意識・目的意識が希薄なまま大学等へ進学する者の増加等、様々な課題が見受けられ、その対策として、職業意識・職業観の育成、自己の職業適性・将来設計を考えることを促すためのキャリア教育の充実が必要となり、その方策の一つとして、インターンシップの普及・促進が重要であると考えられ徐々に拡大していった。

このような経緯を振り返れば、インターンシップが大学教育を変えるという役割は今日新たに求められたものではなく、インターンシップの出発時点ですでに目的となっていた。その意味で、大学教育を変える「インターンシップ2.0」は、原点回帰という意味合いが強いかもしれない。

政策的にもインターンシップ専門人材の育成・配置が推進されようとしているのであれば、それをさらに加速し、具体的な成果となって創出されるためには、大学等の教育現場で実践している方々への働きかけが必要である。

そこで、独立行政法人日本学生支援機構（JASSO）と一般社団法人産学協働人材育成コンソーシアム（CIAC）では、文科省が提示した専門人材育成の枠組みに基づき、専門人材育成の体系的プログラムの構築に取り組んだ。

先述の文部科学省「大学改革としてのインターンシップの推進に係る専門人材の育成・配置について」において専門人材の育成枠組み（STEP1～STEP3）が提示され

ていた。この枠組みに準拠し、【基礎編：STEP1】【実践編：STEP2】【発展編：STEP3】と体系的なプログラム構築し、段階的に受講することで、インターンシップに関する知識、スキル、思考等を習得し、インターンシップ専門人材の育成を目指した。

【STEP1】(「説明できる」レベル）を基礎編としてJASSOが「インターンシップ専門人材セミナー」を開催することによって担っている。本セミナーにおいては、文部科学省の枠組みにはない【STEP0】(「知識・姿勢を身に付けている」レベル）を新たに設定した。インターンシップ業務に携わったばかりの教職員、インターンシップに間接的に関わっている関連部署の教職員を対象としたレベルであり、学内でより広くインターンシップに関心を持ってもらうことが狙いである。

本セミナーは、東京、関西で年に1回ずつ開催され、毎回100名を超える参加者がある。

【STEP2】(「行動できる」レベル)、【STEP3】(「変革できる」レベル）については、CIACが「インターンシップ専門人材研修会」によって担っている。2018年度から開始し、既に100名を超える参加者があった。【発展編：STEP3】研修会の修了者は「CIAC認定インターンシップコーディネーター」として登録してもらい、インターンシップ専門人材としての認知度向上を図っている。

徐々にではあるが、我が国においてもインターンシップ専門人材が育成され、各大学、各地域での活躍が広がっている。

本書は、インターンシップ専門人材として【発展編：STEP3】研修会を修了した「CIAC認定インターンシップコーディネーター」による実践レポートと、インターンシップを大学教育として位置づけ、高い教育的効果によって学生を育成し、大学教育を変えていこうとする先駆的な取組をしている大学の学長へのインタビューから構成されている。

「専門人材実践レポート」では、学内外でどのような役割、業務を担い、どのような教育的効果を生み出しているのか。また、その過程でどのような課題に直面し、対応しているのか。その悪戦苦闘の様子をレポートしてもらった。

「学長が語るインターンシップ」では、実施内容、制度に関する細かなことではなく、学長としてインターンシップ、大学教育に対する想い、持論、哲学、学長としてのリーダーシップについて、大所高所から語っていただいた。

現場で実践を担う専門人材だけの力では、インターンシップを大学教育の主要な構成要素として位置づけ、大学教育改革につなげていくには限界がある。学長のトップマネジメントにより全学的、組織的に取り組んでいくことが不可欠である。この両輪があって初めて大学教育を変えるインターンシップが実現する。

専門人材の実践と学長のトップマネジメント、それは縦糸と横糸をなすものである。その織り上がった先にどのような文様が浮かんでくるのか。果たして「未来を拓くインターンシップ」とはどのような色合いなのであろうか。お楽しみいただきたい。

本書は「文部科学教育通信」誌で2019年1月から11月まで連載した記事をまとめたものである。20回にわたる記事を「第1章　解説編」「第2章　国公立編」「第3章　私立大学編」「第4章　短大編」「第5章　新たな時代のインターンシップと専門人材」として再構成して編んだ。それぞれの執筆時の状況を踏まえて、原稿の修正は最小限にとどめてある。

編著者　松高　政

第 1 章

高等教育における
インターンシップの意義

はじめに――インターンシップ2.0

松高　政

本シリーズの狙い

「自分たちがいくら頑張っても、周りの人たちはあまり理解してくれないし、どうにもならないことが多くて」「結局、学長などのトップが理解してくれないと限界がある」――インターンシップ専門人材研修会の参加者から、よく聞かれる嘆きだ。「インターンシップなんて、所詮、就職活動のためでしょ」「そんなものは、大学教育ではない」といった批判は、未だに根強い。

近年は、“ワンデー・インターンシップ”と称する、実態は会社説明会であるものが流行し、インターンシップの理解をますます混迷させている。「グローバル化」という言葉に、ほぼ何の新鮮味も感じなくなった今日において、今なお日本のインターンシップは、グローバル基準から見ると、大きな乖離がある。

2017年の文部科学省調査によると「インターンシップの事前・事後教育」を実施していると回答した大学は95%を超える。しかし、「事前・事後教育いずれも受けていない」と回答している学生は50%を超える。「実施目的を一部もしくは全ての企業とすり合わせている」と回答した大学は60%である。企業側は75%が「行っていない」と回答している。このような状況にもかかわらず、「インターンシップの教育的効果（質的）」に90%の大学が満足と回答している。いったい何に満足しているのであろうか？

つまり、実施者である大学側の認識が甘いのである。この程度で「できた」と勘違いしている。このような現状認識である限り、より良くしようという問題意識は生まれず、従って、改善は進まない。日本のインターンシップが質的・量的にも課題が多いと言われるゆえんである。

一方で、自分の大学で実施するインターンシップの教育的効果とは何か、意義は何なのかを懸命に考え、その教育的効果を最大化するために事前・事後教育に工夫を凝らす実践者がいる。企業に丸投げで、後は我関せずという大学が多いなか、地域と連携し、受入企業とも十分な合意形成を図り、就業期間中もきちんとモニタリングをしている実践者がいる。しかし、このような実践者は少数で、学内では理解者が少なく孤軍奮闘、悪戦苦闘の連続である。

地域に積極的に出て行き、優良企業、人材育成に熱心な企業を見つけ出し、そこで働く卒業生の様子を把握する。そのような企業とはどんどんと連携を進め、学生をどんどん送り出す。そのような活動を率先して行う学長がいる。当然、インターンシップが大学教育に効果的であることは学長自らが十分理解しており、率先垂範のリーダーとして、周りにも共感・共有され、高い成果をもたらす。しかし、このような学長は稀有である。

わが国において、教育的効果の高いインターンシップを推進していくには、このような実践者、学長が多数派にならなくてはいけない。

本シリーズの内容

今回からスタートするシリーズ「大学教育を変える、未来を拓くインターンシップ」では、このような実践者、学長を取り上げていく。

本シリーズでは、「学長が語るインターンシップ」と「インターンシップ専門人材実践レポート」という二つのテーマを交互に掲載していく予定である。

「学長が語るインターンシップ」では、インターンシップを大学教育として位置づけ、高い教育的効果によって学生を育成し、大学教育を変えていこうとする、先駆的な取組をしている大学の学長にインタビューをする。実施内容、制度に関する細かなことではなく、学長としてインターンシップ、大学教育に対する想い、持論、哲学、学長としてのリーダーシップについて、大所高所から語っていただく。

「インターンシップ専門人材実践レポート」では、後述する専門人材研修を受講した教職員に、日々の実践を伝えてもらう。学内外でどのような役割、業務を担い、どのような教育的効果をもたらしているのか。また、その過程でどのような課題に直面し、対応しているのか。その悪戦苦闘の様子をレポートしてもらう。

現場で実践を担う専門人材だけの力では、インターンシップを大学教育の主要な構成要素として位置づけ、大学教育改革につなげていくには限界がある。学長のトップマネジメントにより全学的、組織的に取り組んでいくことが不可欠である。この両輪があって初めて大学教育を変えるインターンシップが実現する。

専門人材の実践と学長のトップマネジメント、それは縦糸と横糸をなすものである。その織り上がった先にどのような文様が浮かんでくるのか。果たして「未来を拓くインターンシップ」とはどのような色合いなのであろうか。楽しみにしていただきたい。

本シリーズは、インターンシップ専門人材研修に連携して取り組んでいる独立行政法人日本学生支援機構（JASSO）と一般社団法人産学協働人材育成コンソーシアム（CIAC）の共同企画として進めていく。

インターンシップ 2.0

現在、高等教育におけるインターンシップが、政府の施策として推進されている。（「未来投資戦略 2018」、「まち・ひと・しごと創生基本方針 2018」どちらも平成 30 年 6 月 15 日閣議決定）。

文部科学省から全国の大学等に発信された「大学改革としてのインターンシップの推進に係る専門人材の育成・配置について—組織的なインターンシップの推進に向けた、専門人材の役割の明確化—」（平成30年5月31日）の表題からも明らかな通り、通底している方針は、高等教育において、これまでは“外”と認識されてきたインターンシップを“内”の構成要素として位置づけることであり、社会との連携・協働により学生の主体的な学修を促すために「社会に開かれた教育課程」を目指すことである。現状、大学教育において社会と最も接近している教育活動の一つがインターンシップである。

これまでのインターンシップが主に目指してきた、学生の汎用的能力獲得、職業・キャリア意識形成、就職活動・内定獲得への接続といった教育的効果はもちろん引き続き重要な役割である。これからのインターンシップには、さらに「大学教育を変える」という、新たな役割が求められている。その意味で、「インターンシップ2.0」と呼ぶことができる。

しかし、わが国におけるインターンシップはそもそも、平成9年に文部省（当時）の「教育改革プログラム」において、高等教育における創造的人材育成に大きな意義を有するという観点のもとで開始された。

その後、職業意識・職業観の未熟さ、進路意識・目的意識が希薄なまま大学等へ進学する者の増加等、様々な課題が見受けられ、その対策として、職業意識・職業観の育成、自己の職業適性・将来設計を考えることを促すためのキャリア教育の充実が必要となり、その方策の一つとして、インターンシップの普及・促進が重要であると考えられ徐々に拡大していった。

このような経緯を振り返れば、インターンシップが大学教育を変えるという役割は今日新たに求められたものではなく、インターンシップの出発時点ですでに目的となっていた。その意味で、大学教育を変える「インターンシップ2.0」は、原点回帰という意味合いが強いと言えよう。

インターンシップの政策的な推進

2017年6月に「インターンシップの更なる充実に向けて 議論の取りまとめ」が文部科学省より公表された。本取りまとめにおいて、「大学等におけるキャリア教育・職業教育や専門教育を強化していくために、産学協働で人材育成に取り組むことが重要となっており、その中でもインターンシップは効果的な教育手法」と強調されている。

これを受け、文部科学省は、「インターンシップ推進方策実行ワーキンググループ」を設置し、具体的な政策について検討を進めてきた。その成果として、2018年度より「届出制度・表彰制度」「専門人材の育成・配置」が開始された。

インターンシップ届出・表彰制度

インターンシップ届出制度は、「インターンシップの教育的効果を一層高め、我が国のインターンシップの質・量の充実を図るため、『正規の教育課程としてのインターンシップ』に必要な要素を満たしたインターンシップについて、大学等から任意で届出を受け付け、その内容を公表する制度」である。初年度にあたる2018年度の申請学校数は163校、届出科目数は302科目と、予想を上回る多くの申請があった。

インターンシップ表彰は、届出制度に申請した取組の中から、「学生の能力伸長に寄与するなどの高い教育的効果を発揮しており、他の大学等や企業に普及するのに相応しいモデルとなり得るインターンシップを、グッドプラクティスとして表彰し、その成果を広く普及すること」を目的としている。

2018年度は、大学から68件、短期大学から５件、高等専門学校から４件、合計77件と、届出のあった大学等から「１件のみ」と限定したにもかかわらず、多くの申請があった。

選考では、インターンシップの質・量の充実に向け、「就業体験を伴うこと」「正規の教育課程の中に位置付けられていること」「組織的な取組として位置づけられていること」「インターンシップの教育的効果を把握する仕組みが取られていること」「十分な実習期間が確保されていること」「企業や産業界と協働していること」の観点から総合的に判断し、最優秀賞１件、選考委員会特別賞１件、優秀賞６件の合計８つの取組が選ばれた（**表１**）。

表彰式は、2018年12月10日に開催され、浮島文部科学副大臣より、各受賞大学等へ表彰状が授与された。選考委員会委員長の土屋恵一郎明治大学長からは、「内容や実施体制、企業や産業界等との連携など、総合的に優れた取組となっており、他の大学等に普及するべきモデルとなり得るものだと考える。受賞された大学等におかれては、トップランナーとして、我が国のインターンシップを牽引していくことを期待する」と講評が述べられた。

インターンシップ届出・表彰制度は、今後も継続して実施される予定である。この制度を通して、より多くの大学等で優れた実践が行われ、広く共有されていくことを期待したい。

「インターンシップ専門人材」の育成・配置

インターンシップ専門人材とは「教育的効果の高いインターンシップの構築・運営ができ、大学等と企業との間で調整を行う専門的知見を持った人材」である。

海外において、インターンシップが高等教育の基本的機能として組み込まれている

表１　平成30年度受賞大学等

最優秀賞	山形大学
選考委員会特別賞	恵泉女学園大学
優秀賞	長岡技術科学大学
	大阪大学
	亜細亜大学
	東京工科大学
	湘北短期大学
	仙台高等専門学校

表２

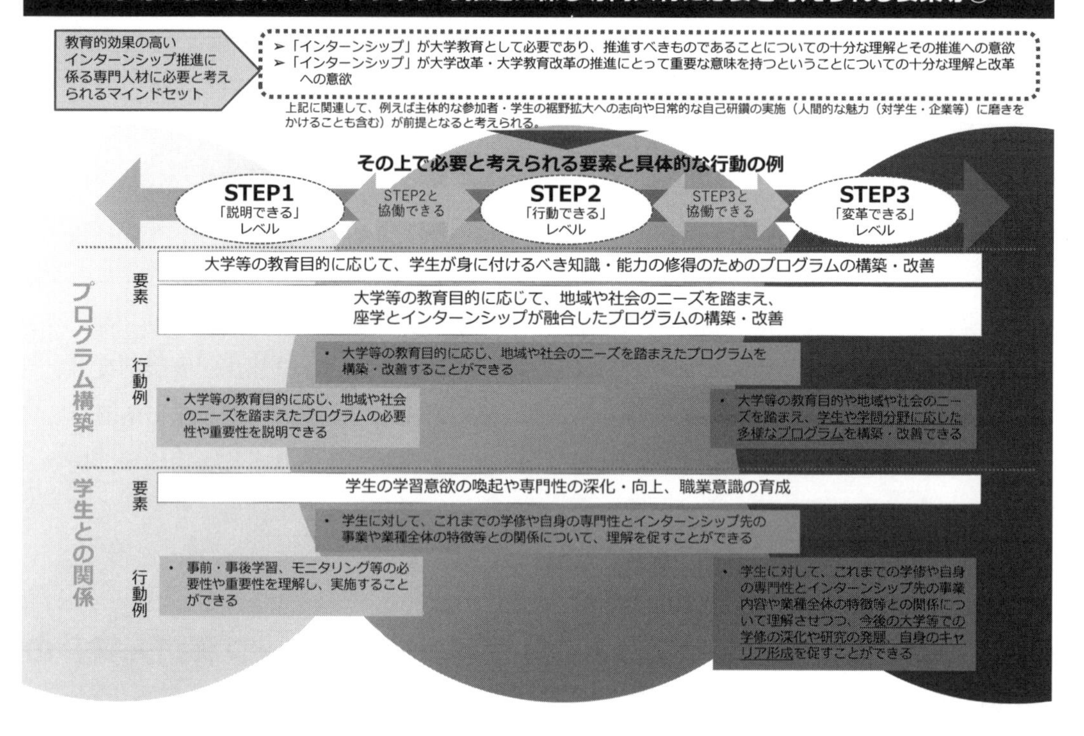

大学等におけるインターンシップの推進に係る専門人材に必要と考えられる要素等②

STEP1「説明できる」レベル ⇔ STEP2と協働できる ⇔ STEP2「行動できる」レベル ⇔ STEP3と協働できる ⇔ STEP3「変革できる」レベル

大学等（学内）との関係

要素

- 教職協働による教育的効果の高いインターンシップの企画・立案・運営・評価

行動例

- STEP1：自大学等における教育の現状と課題を理解し、学内に対して説明できる
- STEP2：地域や社会のニーズを把握し、大学等における教育との融合に努め、インターンシップの意義や効果を学内に対して理解を促すことができる
- STEP3：地域や社会のニーズを把握し、大学等における教育と融合したインターンシップを教職協働で構築できる

企業等との関係

要素

- 企業等との協働による教育的効果の高いインターンシップの企画・立案・運営・評価

行動例

- STEP1：既に協働している企業等について、良好な関係を維持することができる
- STEP2：大学等の教育目的に応じて、企業等側のニーズも踏まえながら、受入先を開拓することができる
- STEP2：その際、企業等側の負担軽減についても配慮することができる
- STEP3：大学等の教育目的に応じて、企業等と協働して、教育的効果が高くかつ企業等側にとっても有益なインターンシップの企画・立案・運営評価等を実施することができる
- STEP3：その際、企業等側の負担軽減についても配慮することができる

✓ こうした専門人材の役割について、どのような者が実際に担うのかということは、**大学等や地域の実態に応じて異なってくる**が、**必要に応じて教職員が役割を分担し、然るべき者がリーダーシップを発揮しながら、チームとしての体制を構築することが重要**

✓ このことにより、組織としての取組が継続し、**インターンシップが持続的に発展することにもつながることが期待**される

国では、インターンシップ専門人材は一般的に存在し、学生、企業、大学それぞれにメリットをもたらす重要な役割を担っている。日本の大学組織では該当する職務・職位等がないため、イメージの難しい人材像である。我が国のインターンシップが未だ質的、量的ともに課題がある大きな要因は、この専門人材の存在が不十分なためである。

そこで、政府としても「未来投資戦略2018」において、中長期の実践的なインターンシップの推進を図るため、専門人材の育成・配置を支援していくことが述べられている。

文部科学省も、前述の発信文書において、専門人材の育成・配置について、「インターンシップに関係する部局が多岐に渡る場合が多いことから、カリキュラムの作成や学生支援、教職員の育成・評価、大学の経営や企画・運営に関わる部署にも周知いただきたい」と学内での理解促進を図った。

さらに、専門人材の人材像の具体的理解が進むようにと、専門人材に必要と考えられる要素等を整理した。その表が**表2**である。

【STEP1:「説明できる」レベル】【STEP2:「行動できる」レベル】【STEP3:「変革できる」レベル】の3段階に分け、それぞれの段階で求められる要素等を例示している。

インターンシップ専門人材の育成

独立行政法人日本学生支援機構（JASSO）と一般社団法人産学協働人材育成コンソーシアム（CIAC）では、文部科学省が提示した専門人材の枠組みに基づき、専門人材育成の体系的プログラムの構築を進めてきた。【STEP1】を基礎編としてJASSOが「インターンシップ専門人材セミナー」を実施することによって担う。2018年度は、8月（東京）、2019年1月（関西）で開催し多くの参加者があった。本セミナーにおいては、文部科学省の枠組みにはない【STEP0「知識・姿勢を身に付けている」レベル】を設定した。インターンシップ業務に携わったばかりの教職員、インターンシップに間接的に関わっている関連部署の教職員を対象としたレベルであり、学内でより広くインターンシップに関心を持ってもらうことを狙いにしている。

【STEP2】、【STEP3】については、CIACが「インターンシップの推進に係る専門人材研修会」を実施することによって担う。2018年度は、【STEP2】を東京で2回、京都で1回、【STEP3】を東京で1回開催した。

このように【STEP1】から【STEP3】と体系的なプログラムを段階的に受講することにより、インターンシップに関する知識、スキル、思考等の習得が可能となる。

最後に

筆者は、この10年、インターンシップに関する政策的議論に多少なりとも関わってきた。しかし、状況はほとんど変わっていないというのが正直な感想である。今後、大学教育の“外”として、ワンデーインターンシップに象徴される就職活動の一環として進んでいくのか、大学教育の“内”として教育活動として取り組まれていくのか。もちろん、どちらか一方である必要はないが、各大学で行われているインターンシップは、いったい誰の、何のために行っているのか、きちんと議論され、明確にしておく必要はある。「できている」と勘違いした現状維持は、劣化を招くだけである。本シリーズが、その問いを考える参考になれば嬉しい限りである。

（初出　文部科学教育通信 No.452　2019年1月28日号）

大学教育改革としてのインターンシップは、なぜ必要か

頼本　維樹

今回の目的

連載初回となる前回（文部科学教育通信№452）は、本シリーズの狙いと内容、大学教育を変えるインターンシップの政策的推進とその具体策について、松高CIAC代表理事から総括的な説明がなされた。その最後は「……各大学で行われているインターンシップは、いったい誰の、何のために行っているのか、きちんと議論され、明確にしておく必要はある」となっている。これは大学等におけるインターンシップのそもそもの必要性に関わる基本的で重要な問いである。

この問いに対してどう考えるか、参考となる見方の一つを提供できれば、というのが今回の目的である。ここでのインターンシップは大学教育改革としてのインターンシップを意味しており、前述の問いは今回のタイトルである「大学教育改革としてのインターンシップは、なぜ必要か」について答えることが目標となる。

推進すべきインターンシップとは

インターンシップには、「事実としてのインターンシップ」（一般にインターンシップとして語られているもの）と、そのうち「施策として推進すべきインターンシップ」との二種類がある（**図1**）。後者のインターンシップの定義は、「学生が在学中に自らの専攻、将来のキャリアに関連した就業体験を行うこと」（文部省、通商産業省、労働省（当時）「インターンシップの推進に当たっての基本的考え方」平成9年9月）（以下「三省合意」）とされている。この「三省合意」以後、施策として推進するインターンシップの定義は一貫しており変更されていない。そして基本的に重要なのは、「三省合意」においても、その後の関連施策文書においても一貫して、インターンシップが大学等における教育の一環として捉えられていることである。

また、「インターンシップの更なる充実に向けて　議論の取りまとめ」（平成29年

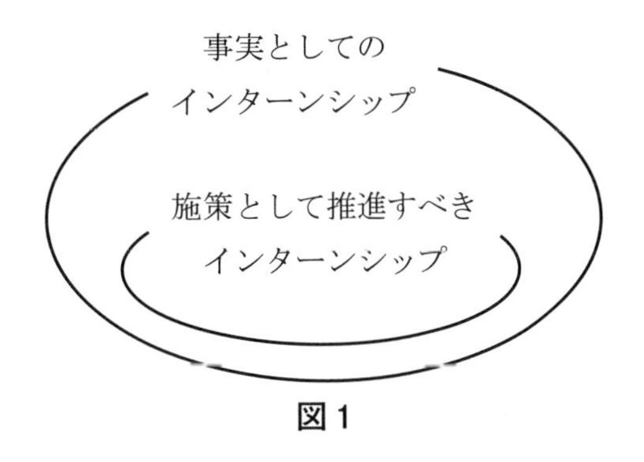

図1

6月16日　インターンシップの推進等に関する調査研究協力者会議）においては、「正規の教育課程としてのインターンシップ」を推進していくことが重要とされ、これに必要な要素として、就業体験を伴うものであることなど6項目を掲げ、これらの項目がそのまま前回紹介された届出制度における要件となっている。

さらに、平成30年5月31日付け文部科学省専門教育課長事務連絡においては「大学改革としてのインターンシップの推進に係る専門人材の育成・配置について」と題し、施策として推進するインターンシップを大学（教育）改革と関連付け、大学（教育）改革の中心にインターンシップを据えていく動きを今後一層促進するべく、インターンシップ専門人材に必要と考えられる要素等の整理を行っている。施策上、大学教育改革としてのインターンシップを推進しようとしていることは明らかである。

推進すべきインターンシップと大学等教育改革との関係

ではなぜ、大学教育改革としてのインターンシップを施策として推進すべきなのか。

このことを検討するために、まず大学等におけるインターンシップをその目的から捉えた三つの類型として、「Ⅰ　就職支援としてのインターンシップ」、「Ⅱ　大学等の生き残りのためのインターンシップ」、「Ⅲ　教育の目的と結びつくインターンシップ」に分類してみる。なお、具体的な個々のインターンシップは、必ずしもこれら三つのどれか一つに分類されるものではなく、複数の類型に該当することがむしろ普通である。

まず「Ⅰ　就職支援としてのインターンシップ」は、学生の就職率の向上と関連づけられることが多いが、これ自体は教育として行われるとは限らない。前回の最初に「インターンシップなんて、所詮、就職活動のためでしょ」「そんなものは、大学教育ではない」という未だ根強い批判が紹介されているが、これは就職支援を教育として考えずかつ行ってもいない実態を反映している。しかし、推進すべき施策として教育的インターンシップを考える立場（文部科学省も本シリーズもこの立場である）においては、少なくとも教育としてのインターンシップについては、「(大学）教育ではない」とは言えないので、前記批判は誤りとなる。

「Ⅱ　大学等の生き残りのためのインターンシップ」は、少子化による入学者数の減少を直接的な背景としており、特に地方の大学等や中小の私立大学等において生き残りが経営課題となっている中で実施されている。ただし、この類型のインターンシップは、我が国のすべての大学等が実施しているわけではない。また何よりも、ここでは当該大学等の存続が第一義的であり、教育は第二次的で間接的な目的となっている。この意味で、教育的インターンシップとしての根本性や普遍性があるとは言えない。

「Ⅲ　大学等教育の目的に結びつくイン

ターンシップ」については、（高等教育を含めた）「教育の目的」についての我が国における公式的かつ基本的な考え方として、教育基本法第一条は、教育の目的として人格の完成を目指すことを掲げている。この「人格の完成」は、「各個人の備えるあらゆる能力を可能な限り、かつ調和的に発展させることを意味する」と解されている。「人格の完成」に向けて、社会に対する貢献や自らの人生の充実が重要であり、また「人格の完成」に向けて生涯成長し続けることが不可欠と思われる。「人格の完成」の内容として、仕事を通じて社会に対する貢献を行い個人の人生の充実を実現することが大変に重要と考えられる。

Ⅲで示したインターンシップは、大学等での学びを実社会における実践に結びつけ、成長し続ける人間（学生）を形成することをその理念とすることとなり、単なる就職支援や大学等生き残り策とは本質的に異なるものである。そしてこの意味でのインターンシップこそ、本シリーズが対象とするものである。

先ほど述べたように、5月31日付け事務連絡は、施策としてのインターンシップを「大学改革（の中心）」と位置付けているが、その理由は、様々ある大学教育改革の手法の中で、インターンシップがその有力な突破口となりうる手法だからだと考える。大学等での学びを踏まえて社会で活躍できる成長する個人を育成することが、教育の目的から考えて重要であるならば、「大学等における学び」と「社会における実践、活躍」とをどう結び付け、円滑に移行させるかは大学等の教育にとって極めて重要な課題となるはずである。そしてインターンシップはその性質上、大学等における学びと実社会における活躍の橋渡しとなるもので、理論的にも実践的にも大学等と社会とが接続するまさに最前線に位置するものである（図2）。この意味において、インターンシップは大学教育改革の重要なカギとなるのである。5月31日付け事務連絡は、このような考え方を踏まえて、インターンシップを「大学改革の中心」と表現したものと読み取ることも可能ではないかと考える。

「教育の目的に結びつくインターンシップ」を推進するには

「教育の目的に結びつくインターンシップ」、「大学教育改革としてのインターンシップ」を推進するためには、まず、なぜ大学等と企業等の双方にとってインターンシッ

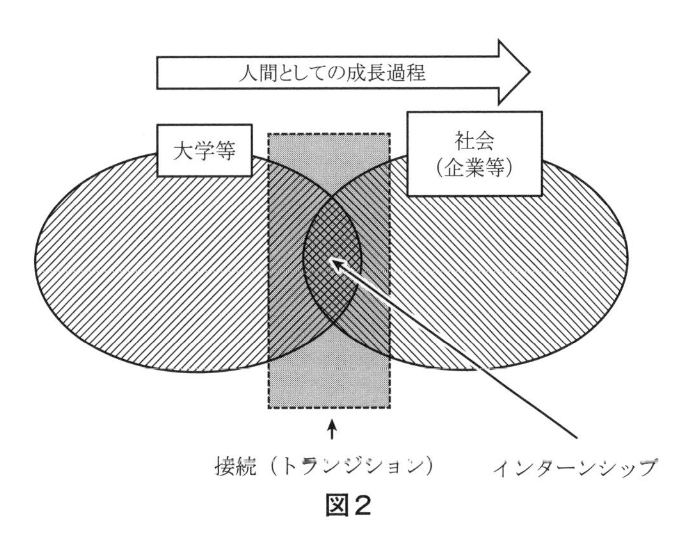

図２

プが必要なのかについて、大学等側及び社会側の共通の理解、認識の共有が必要である。大学等と企業等との間でのインターンシップが進まない大きな原因の一つは、この相互の共通の理解、認識の欠如にあり、この状況を如何に打破するかが、「大学教育を変える、未来を拓くインターンシップ」を実現するためのキー・ポイントであると考える。

従来、大学等と実社会は異なる原理に基づくものと見られ、また大学等における教育と実社会における人材育成は別の性質のものと捉えられている。お互いを原理的なところから理解し合うという意味での両者の全体的な連携はほとんど行われてこなかったと思われる。しかし、大学等における教育と企業等における人材育成は、「人間としての成長」という本質的に同一のものを目指しており、その意味で両者は接続・連続していると捉え、インターンシップをまさにその接続面・連続面の最前線として位置づけることは考え方として可能と考える。このように考えると、インターンシップを通じて実質的、実効的な意味で大学等と企業等が連携するためには、両者が「人間としての成長」に関わる基本理念やビジョンと実態について相互に心から納得して了解して思いを共有し、「共通言語」によって意思疎通ができるようになること、一種の「意気投合」が行われることが重要である。

その前提として、大学等は自らの教育理念等について、内輪の論理ではなく一般社会にとってわかりやすい言葉で、企業等の側にとって腑に落ちる説明をする必要がある。このようなコミュニケーションを踏まえた上で、具体的なインターンシッププログラム等の協議等が行われるべきである。そうしたコミュニケーション抜きで、ただ大学等のみの都合で企業等に対して学生へのインターンシップを依頼しても、負担のかかる企業等にとっては受け入れ困難であろう。実際に、大学等と企業等がインターンシップにおいてスムーズに協働し「高品質」なインターンシップを実現している諸事例では、前提として必ずお互いの組織の「基本的理念等の共有」があると経験的にも言える。

インターンシップ施策を検証する必要性

前回において、松高 CIAC 代表理事は「筆者は、この10年、インターンシップに関する政策的議論に多少なりとも関わってきた。しかし、状況はほとんど変わっていないというのが正直な感想である」と書かれており、実際その通りであろう。ではなぜそうなのか改めて考えるためには、従来の議論や取組の振り返りや検証が必要である。しかし、その作業が十分行われているようには見えない。

従来の議論では、大学等関係者の多くや企業等関係者のほとんどは、インターンシップを推進する必要性について、知識や理屈としては知っていても心から納得はしておらず、教育的インターンシップの実施への行動に結びついていないと言わざるを得ない。また、インターンシップや産学連携に関する大学等側と企業等側の実質的、実効的なコミュニケーションは、個々のレベルにおいても全体のレベルにおいても一部の優良事例を除き成立していないように見える。大学等と企業等の対話は、全体として、個々の事例やプログラムの断片的な紹介、個別の能力に関する意見表明や（例えば「いわゆる○○力が大事」）、互いに要望・希望を出し合う（例えば「企業から大学等に対して希望する人材像」）といったレベルにとどまり、基本理念やビジョンについてのコミュニケーションは十分成立していないのが現状であると思われる。このような状態から脱して、大学等側と実社会側がお互いの基本的理念やビジョンについての思いを共通認識にし、当該認識について心から納得して、そして具体的行動に結びつくことが重要である。この改善なしには、インターンシップの（政策的なものも含めた）議論は今後も進まず、その結果、インターンシップ施策自体の推進や、本シリーズの表題である「大学教育を変える、未来を拓くインターンシップ」も実現しないであろう。

この状況を変えるには、従来の議論とその不十分な点を検証し、その内容を今後の議論の共通の前提あるいは基盤として、大学等関係者と企業等関係者とが広く共有することが出発点となる。その前提等がないと過去の議論の二番煎じ三番煎じとなったり、意見の言いっぱなしが繰り返されるだけで成果は得られない（実際そうなっているのが現状である）。この意味において、まず今求められているのは、「施策についてのPDCA」であり、特に従来の議論の検証である。

なお、日本経済団体連合会（以下「経団連」）が2021年度以降入社対象の「採用選考に関する指針」を策定しないこととしたことなどを受けて、経団連はその提言「今後の採用と大学教育に関する提案」（平成30年12月4日）において、大学等と経済界が共同して取り組むべき事項としてインターンシップにおける連携などを共同アクションとし、大学等と経済界が直接、継続的に対話する枠組み（仮称：採用と大学教育の未来に関する産学協議会）の設置を提案した。この枠組み等を通じて、従来の議論の検証を踏まえた対話を含め、大学等と経済界の基本レベルでの共通の理解、認識が今度こそ十分形成されることを期待したい。

本シリーズが目指すもの

大学教育改革としてのインターンシップについては、ほかにも取り上げるべき要素は多々ある（例えば、主体性、キャリア教育、カリキュラム改革との関係等）が、紙幅の関係等で今回は割愛せざるを得ない。

以上述べてきた考えを踏まえて、本シリーズでは、これから個々の大学等の学長や専門人材の方々に対し、インタビューやレポートのかたちで現場の議論との対話を試みていく。インターンシップについて、学長がどのような哲学や考え方、思いを持って取り組んでおられ、特に、企業等と具体的にどのようなことについて、どのようなやり方で基本理念やビジョンを共有しようとしているのか。また、インターンシップ専門人材の方々が実際にどのような障害に直面し、それをどう乗り越えようとしているのか、特に大学等と企業等、そして教育の主人公である学生の三者の認識のズレをどう埋めてつなぎ、思いを共有し（ようとし）ているのか。現場での実践による経験や知見を取り入れることによって、大学教育改革としてのインターンシップがなぜ必要なのかについて、より現実性実現性の高い説得力ある論理的説明の構築に結び付けたい。

本シリーズをお読みいただいている学長、専門人材等の方々が、教育的インターンシップに「自分（の大学等）でも取り組んでみよう」と受け止めていただく一助となれば大変幸いである。

最後に、教育の目的はこれまで述べたように、「人格の完成」であり、大学等教育においてそれは学生の人間的成長である。したがって、前回における最後の問い「インターンシップは、いったい誰の、何のために行っているのか」へのここでの総括的回答は、「インターンシップは、学生の人間としての成長のために行っている」となる。そして、この抽象的な回答を具体化し行動として実現するためには、大学等と企業等の基本的理念等の共有に向けて「共通言語」を構築し、その上に立った具体的な行動が不可欠であることを中心に述べてきた。この考え方自体についてもまた、各現場における具体的実践を通じて検証し、より実効的なものに改善することが必要不可欠である。その具体的方法として、本シリーズでは学長と専門人材に対し取材を行いその実践に学ぶことによって、考え方を鍛えていくこととしたい。学長インタビューと専門人材レポートを経て、大学教育改革としてのインターンシップとその必要性について、本シリーズの最後に再び総括的な議論ができればと考えている。

（初出　文部科学教育通信 No.453　2019年2月11日号）

大学教育改革とインターンシップの問題構造

川島　啓二

はじめに

インターンシップの充実と推進が、近年一段と強く図られるようになってきている。

『インターンシップの普及及び質的充実のための推進方策について（意見のとりまとめ）』（平成25年8月）、『インターンシップの更なる充実に向けて（議論の取りまとめ）』（平成29年6月）という二つの政策文書に引き続いて、昨年5月31日には文部科学省高等教育局専門教育課から「大学改革としてのインターンシップの推進に係る専門人材の育成・配置について―組織的なインターンシップの推進に向けた、専門人材の役割の明確化―」という事務連絡文書が発信された。

そこでは、「教育的効果の高いインターンシップの組織的な推進により、（中略）今後、一層、大学改革の中心にインターンシップを据えていく動きを促進するべく……」（傍線引用者）と、今までにはない踏み込んだ表現でインターンシップが果たすべき役割を高く位置付けている。

大学教育改革は、社会のグローバル化、情報化、高等教育のユニバーサル化といった周辺環境の大きな変化を受けて、遡れば四半世紀ほどにも及ぶ期間、中教審答申等の政策的な働きかけを大きな駆動力としながら進められてきた。平成3年の大学設置基準の大綱化を、大学改革「元年」ととらえられる向きが多いと考えられるが、翻って、インターンシップ「元年」は、平成9年の「三省合意」（文部省、通商産業省、労働省：いずれも当時）とされ、その後「学生が在学中に自らの専攻、将来のキャリアに関連した就業体験」として、相対的に独自の展開を見せてきた。

「大学改革としてのインターンシップ」という文言は、上述のような文脈を前提とすれば、初めて耳にするような新奇性をもつ。はたしてどのような意味合いをもつのであろうか。その意味の「広さ」と「深さ」を考え、来るべき大学改革のアプローチの在り方といった観点から、少しく間尺を広げて整理し提示するのが小論の目的である。

というのも、上述したように、この間の質保証を基軸とした大学教育改革のメインストリームとインターンシップ政策とは、総じていえば別立てのイシューとして政策的な積み上げや実践がなされてきた観が拭えないことに加えて、大学教育改革とインターンシップという問題の軸と構造はかなり輻輳しており、それらを整理・再構成するにはある程度の時間的スパンと異なる文脈をつなげる視点が必要になるからである。そのために、この間進められてきた大学教育改革と今次のインターンシップ充実・推進策との構造的関連や交差点について、いくつかのポイントを整理・確認する。

別言すれば、大学教育改革小史から、インターンシップを見るのである。そのことによって、インターンシップの今後の在り方、ひいては、教育における大学と社会との連携的な枠組みの進展の一助となることを期したい。なお、インターンシップは基本的に教育マターなので、小論においては大学教育改革の文脈で考察を進める。

大学教育改革の流れ

それでは大学教育改革の課題として、今日まで、どのようなテーマやイシューが取り上げられてきたのだろうか。多様で複雑な、そして膨大なイシューから、インターンシップの充実・推進にとっての関連性に目配りしながら、駆け足で振り返っておこう。

この間の大学教育改革の最も重要な基軸は「質保証体制の確立」であったといえる。平成16年4月に導入された認証評価制度は、各大学が高等教育機関として、基本的な要件を備えているか、組織的な点検を自らが行い、それを認証評価機関が確認するという同僚的な枠組みであった。さらに、『我が国の高等教育の将来像』(答申)(平成17年1月)においては、高等教育機関の「機能的分化」が謳われ、いわゆる三つのポリシー(ディプロマポリシー、カリキュラムポリシー、アドミッションポリシー)の明確化が強調された。組織的な質保証の基本的な枠組が構築された時期と言ってよいだろう。

続いて、『学士課程教育の構築に向けて』(答申)(平成20年12月)(以下「学士課程答申」)では、何を学んだかではなく何を身につけたのかというラーニングアウトカムが強調され、いわゆる「学士力」が「学士課程共通の「学習成果」に関する参考指針」として提起された。また、体系的な教育課程の構築に向けた取組が強調された。教育の内容と方法にここまで詳細かつ具体的に言及されたことは、我が国の大学改革の歴史では初めてのことであったろう。この段階でのフェイズの特徴は、従前の組織的な質保証に加えて、学士力のような「新しい能力」概念が打ち出されたところである。また、「教授パラダイムから学習パラダイムへの転換」というフレーズに示されるように、政策的な焦点が、学生の学習とその成果、そしてそれを制度的に担保する教学マネジメントに移ってきた。いわゆる内部質保証システムの確立である。

この流れをさらに発展させるかたちで『新たな未来を築くための大学教育の質的転換に向けて』(答申)(平成24年8月)においては、アクティブラーニングを取り入れるなど、学士課程教育の質的転換と学修時間の確保が謳われるとともに、プログラムとしての大学教育、つまり、プログラムの中での主体的学修が求められることとなった。そして、昨年11月の『2040年に向けての高等教育のグランドデザイン』（答申）（以下「グランドデザイン答申」）では、今までの高等教育政策を総括する観点から、高等教育の多様な在り方と学修者本位の考え方が提示された。

振り返ってみれば、大学教育改革の焦点も単線的・直線的に説明できるものではなく、組織的な質保証体制、新しい能力観、アクティブラーニング、学修者本位の考え方など、組織的・システム的な次元から能力に関わる概念枠組や教育手法に至るまで、単線的・直線的でもなくまた断続的でもない、輻輳していて複雑な綾を見出すことができる。

また、質保証の枠組を支えるために、大学のガバナンス改革も取り上げられた。『大学のガバナンス改革の推進について（審議まとめ）』（平成26年2月）においては、学長のリーダーシップを支える「高度専門職」の配置が提言されている。

インターンシップは大学教育改革とどう向き合うのか

次に、大学教育改革の流れの中で、今次の「インターンシップ改革」と関連する論点をいくつかピックアップしてみよう。

(1) 組織的な質保証の体制

まずは、組織的な質保証に関わる体制の構築が求められてきた文脈がある。認証評価や近時つとに強調される教学マネジメントの確立もこの文脈に属するであろう。インターンシップをこの文脈で考えるならば、教育プログラムとしてのインターンシッププログラムが、各大学のカリキュラムにおいてどのようにして整合的に位置づけられているのか再確認される必要があるだろう。各大学においてインターンシップが正課となっているかどうかは様々な実態があるだろうが、インターンシップが、当該大学が提供する教育プログラムの一角を占める科目もしくはプログラムであるならば、ディプロマポリシーとの関わりが明確にされる必要がある。

インターンシップに関わる今までの政策を管見する限り、大学全体の教育目的・教育課程、育成すべき能力等への言及は少なく、『インターンシップの普及及び質的充実のための推進方策について（意見のとりまとめ）』において「特に当該単位（インターンシップ科目のこと：引用者注）を学位の構成要件とするに当たっては、教育課程の体系の中に当該単位をどのように位置付けるか十分な検討が必要である。」（6ページ）「大学におけるカリキュラムポリシー、ディプロマポリシーを踏まえつつ、学生の必要に応じて提供されることが望まれる。」（11ページ）として触れられているにすぎない。

今後は、インターンシップ科目もしくはプログラムが、卒業時学修成果に至るカリキュラムの順序性の中でどのように位置づくのか、カリキュラムツリー等で確認することも一案であろう。ただ、この論点についていえば、大学教育改革における議論においても、科目レベルの学修成果とプログラムレベルの学修成果をどうつなげるのか、いわば学修成果に係るミッシングリンクのような論争的な問題があり、インターンシップ周辺の議論がことさらに遅れているというわけではない。

(2)「新しい能力」とインターンシップ

近年の高等教育改革の大きな特徴は、大学教育を通しての汎用的技能、つまり「新しい能力」の育成に関わる問題である。ジェネリックスキルやソフトスキルといったような「新しい能力」の育成が大学教育の中で注目されるようになったのである。また、それを育成する方法の一つとしてアクティブラーニングも推奨された。

この文脈においては、インターンシップは、職業的実践的な体験を通して能力の育成を進めているという意味で、「大学教育改革」にとって先駆的実践であるともいえる。アクティブラーニングとしてのインターンシップとでも言えようか。

例えば、学士課程答申においては、「学生の主体的・能動的な学びを引き出す教授法を重視し、例えば、学生参加型授業、協調・協同学習、課題解決・探求学習などを取り入れる。大学の実情に応じ、社会奉仕体験活動、フィールドワーク、インターンシップ、海外体験学習や短期留学等の体験活動を効果的に実施する。(24ページ)」とされている。

では、インターンシップは、他の体験的な学習と、方法的に、あるいは期待されるアウトカムとして、どのような違いがあるのだろうか。

これらは別々の文脈で理論的・実践的進化が遂げられてきたので、同じ次元で比較することが難しいが、敢えていえば、例えば、PBLについては、課題設定もしくは問題発見というアプローチで、学習目標と学習プロセス、つまり学習の枠組みが明確なルートが設定されているのに比して、かたや典型的なインターンシップは（大学教育における学習とするための）予備的な調整や作為を特に施さず（もっとも最近では企業側がインターンシップ生のための特別プログラムを用意している、あるいは、学生側が取り組みやすい内容にセレクトしたり調整している例も少なくないようだが）職業世界とその活動に身をおいてそこでの実践的体験から自然と学び取っていくというアプローチがそもそもの在り方であろう。同じ体験といっても、学修のストーリーがそれなりに想定されているかどうかが、インターンシップと他の手法との比較指標になるのかもしれない。

そのようなプロセスにおいて、コミュニケーション能力、実行力、判断力などの汎用的技能が、インターンシップでどのように育まれているのか、能力と体験との対応関係や評価の手法の明確化が今後問われるであろう。今後の一つの考え方として、インターンシップを経験した学生が、どのようなことがどの程度できるようになっているのか、コモン・ルーブリックのようなものを策定するというのもあり得るだろう。

(3) インターンシップ専門人材の位置づけ

今次のインターンシップ推進・充実のための諸施策では、インターンシップ専門人材の配置が推奨されており、さながら「インターンシップ改革」の様相を呈しているが、大学改革の文脈において対応するイシューは、学長のリーダーシップ確立であろう。

前述の『大学のガバナンス改革の推進について（審議まとめ)』の中で、学長のリーダーシップを支える「高度専門職」の配置が提言されており、その例として、リサーチ・アドミニストレーター（URA）やインスティトゥーショナル・リサーチャー(IRer)、産学官連携コーディネーターなどが挙げられているが（18ページ)、インターンシップ専門人材は産官学連携コーディネーターに類するものとの理解も可能であろう。

既に触れられているように本連載でも、現在、独立行政法人日本学生支援機構と一般社団法人産学協働人材育成コンソーシアムによって、インターンシップ専門人材養成がレベル別に「分担」実施されているが、それらの専門人材が、学長のリーダーシップの中でどのように「専門性」を発揮して大学全体の教育目的の達成に貢献していくのか、「専門性」の中身（企画力、調整力など）が明示されるとともに、その方法論が問われるところである。

現在、学長のリーダーシップ発揮の好事例を掘り起こすべく、インタビュー調査も並行実施している。本連載で今後、逐次紹介していく予定である。

また、インターンシップ専門人材が、大学教育にコミットする専門的職員(プロフェッショナル）であるとすれば、職能やその活動によって実現できる価値を明示していく必要も出てくるだろう。

(4) 大学と社会との関わり

グランドデザイン答申では、インターンシップについて「大学と社会の接続を考える際には、学修者が自らを社会の一員として自覚し、自らの学びの社会的意味を理解し、学修の質を向上させる機会としての「インターンシップ」の充実等が求められる。また、学修者が複数の大学間や企業間、大学と企業の間などを行き来しながら、時間をかけて複線型にキャリアを形成していくことが可能となるためには、大学と産業界共に今まで以上に流動性を高めていくことが重要である。」(12ページ）と述べられている。

「学びの社会的意味の理解」と「学修の質向上のための機会」としてインターンシップが位置づけられていることに注目しておきたい。つまり、学生の学修と成長の場として、大学と社会との往還的で融合的な相互関係が想定されており、産学の「連携」からさらに一歩進んだ次元が構想されているといえよう。

広い視野からのインターンシップ改革が必要

まとめれば、大学教育改革の今までの経緯において、インターンシップは中央教育審議会の主要答申の必ずどこかに言及されてはいたが、優先性の高い重点施策として位置付けられることはなかったと言えよう。一方インターンシップ政策は、就労を取り巻く環境変化や社会的イノベーションを予兆させる動向などへの関心の高まりを踏まえつつ、本稿冒頭で触れた二つの政策文書で実態の整理や今後の方向性が提示された。そのような経過を振り返れば、大学教育改革とインターンシップ政策は、それぞれ相対的には独自に展開してきたかのような観がある。

だが、この二つの流れは、今後交差するポイントが拡大し、その関連性を構造的に整理することを求められるだろう。大きな背景としてあるのは、大学と社会との機能的再編成が迫られている大情況であると思われる。大学と職業世界との関係は、もはや二項的な構図に留まるものではない。リカレント教育や産学協働による教育プログラム開発（企業独自に学生向け教育プログラムを開発提供している例さえ出てきている）を引き合いに出すまでもなく、両者の乗り入れは今後急速に進んでいくであろう。

グランドデザイン答申では「社会に開かれた教育課程」という考え方も提示されている。インターンシッププログラムも、単に職業世界を実体験するための就業体験のための準備といった段階にとどまり続けることはできないのではないか。大学教育改革にかかる諸問題が、理論的・概念的に整理されつつある現在、素朴経験主義は通用しないのである。

小論においては、そのような状況下での、大学教育改革とインターンシップ改革との交差するいくつかの論点と課題の提示を試みた。今後はそれらの実践を踏まえて、より広い観点からの全体像の提示を目指すこととしたい。

（初出　文部科学教育通信 No.454　2019年2月25日号）

第２章

国公立大学編

学長が語るインターンシップ――三重大学
インターンシップ、やらない理由は何ですか？
駒田　美弘　学長

松高　政（取材・構成）

駒田美弘　学長
三重大学第12代学長
三重県津市出身、昭和27年3月生まれ。
三重大学医学部医学科卒業。同大学院医学系研究科小児科学専攻博士課程修了。医学博士。
大学院医学系研究科長、副学長を歴任し、平成27年より学長に就任。
趣味は囲碁と書道。お酒もほどほどに嗜む。

地域の企業を片っ端から回る

平成27年、学長就任時、一番に取り組んだことは、三重県内の企業をできるだけ多く訪問することでした。全部で250社くらいにはなったでしょうか。私は、小児科が専門なので、企業についてはよく知りませんでした。そこで、まずは現場を見ようと片っ端から訪問したのです。そこで分かったことは、三重県には、こんなにも魅力的な企業、ユニークな経営者やそこで働く社員の方々がたくさんいるということでした。魅力的な企業は、規模の大小ではありません。社員8人のこんにゃく屋さん、障害者の方も一緒に働いている企業、様々な工夫をしながら、皆さん生き生きと働いています。大きな企業にはエース的な社員もいます。多様な生き方、働き方を目の当たりにしました。

この実感を学生にも持ってほしい。そのためには、学生が直接、企業に触れるしかないと思いました。三重県全域が学びの場なのです。それは、学生、大学だけではなく、三重県にとってもいいことです。それがインターンシップを始めようと思ったきっかけです。理由はとてもシンプルなのです。

地域社会に貢献する、地域の人材を育成する、と言っている大学は多いです。特に地方の大学であれば、それが使命でもあります。地域社会と言うのであれば、学長自らが率先して地域に出て行くのは当たり前です。他の大学のことはよく分かりませんが、私のように片っ端から企業訪問をする学長は、それほど多くないようです。地域を知らないのに地域連携、産学連携をやれと言っても、それはダメでしょう。学長が地域のことをよく知っていて、自信をもって言わなくては、人は共感してくれません。動いてくれません。

企業の社長から、「学長がわざわざ何をしに来たの？」とよく聞かれました。私としては、特別な理由があるわけでもなく、卒業生がしっかり働いているのか、企業は三重大学にどのような期待や要望があるのか、それを知りたいだけなのです。

私は、現場を見ていないと不安になります。小児科医として、県内の関連病院を年に一度、必ず訪問していました。卒業生の医師が地域の病院で働いています。その現状を見に行き、分かっていないと、人事や教育カリキュラムを地域の現場に下ろした時、全く機能しません。私にとって、企業を回る、現場を知るということは特別なことでもなんでもないのです。

インターンシップは大学教育である

地域に学ぶ材料が豊富にあるのだから、学生を行かせないのはもったいない。行かせるなら、学生全員を行かせようと思いました。良い教育であるなら、全員にやらせたい。そして、やるからには、本気でやる。文部科学省に言われたからではなく、学生のため、地域のために本気でやる。三重大学が学生を育てなければ、三重県は潰れる、くらいの覚悟を持ってインターンシップをスタートさせました。本気と覚悟を持ち、全学的に取り組んでいくには、先ほども述べたように、学長が地域のことを一番

地域貢献大学ナンバーワンを、「一意専心」の気持ちで目指したいという駒田学長直筆の書。

分かっていないとダメなのです。学長が自信を持ってやると言えないと先には進みません。

全学的なインターンシップを推進するために、副学長に取組責任者をお願いしました。全学的に推進するには、分かりやすい組織体制が必要です。誰が責任者なのかを明確にする必要がありました。

副学長がまず初めに行ったことは、三重大学におけるインターンシップの位置づけを明確にすることでした。三重大学は何のためにインターンシップを行うのか、目的は何かを学内外に分かりやすく説明する必要があります。次のように定義しました。

「三重大学におけるインターンシップの定義（位置づけ）＝教育的インターンシップ

三重大学が進めるインターンシップは、大学教育の一環として取り組まれるものである。大学での学修と社会組織での実習・経験を結びつけることで、学生の学修を深化させ、新たな学習の意欲を喚起させるとともに、学生に自己の職業適性や将来設計について考える機会を提供するものであ

地域に開かれた大学の施設として、学外者にも大いに利用されている三翠ホール

る。インターンシップの取組自体は教育の質保証の重要な要素であり、三重大学および各学部・学科が掲げるディプロマ・ポリシーに沿った教育実践の一環として活用されるものであり、全ての学生が何らかの形で参加するものである。学生の多様な進路を踏まえ、インターンシップを狭い意味での就業体験とは捉えず、多様な社会的実践の取組を含むものとして位置づける。なお、単位認定の有無は問わず、部局で認めたもの全てを含むものとする」

この定義、位置づけにある通り、インターンシップは大学教育なのです。もちろん学生、企業にしてみれば就職・採用活動を意識しているでしょうが、三重大学としては、「教育として位置づける」ことを明確にしています。ここがとても重要で、ブレてはいけません。

学生は、インターンシップに行くと、大学では得られない経験をたくさんできた、と言います。だからといって、学内の教育が不十分だと思わせてはいけないのです。インターンシップに行ったからこそ、教室での学びの価値、重要性をしっかり理解させる。それがあってこそ、インターンシップの教育的効果が上がるのです。知識や考える力がない学生が行っても効果は上がりません。だから、しっかりと学内での学びに向かわせる。インターンシップから戻ってきたら、大学でもっと勉強したくなる、そのように思わせる。その手段としてインターンシップを活用するのです。

三重大学にしかできない教育

学長就任時、学則に目を通したところよくできているなあ、と感心しました。しかし、どこの大学でも言っていそうな文言が並んでいました。東京大学か？　と思えるくらい立派なことが書いてありました。三重大学らしさがないのです。そこで、平成27年度に三重大学らしさが見えるような学則に変更しました。具体的には、地域社会への貢献を明確にしたのです。

三重県の「大学進学者収容力」は、4割弱で全国最低水準です。県外就職率も5割を超えます。優秀な学生は、どんどん県外に出て行ってしまいます。地域の人材を育てないことには、三重県は衰退をしていくだけです。

企業を回っていて「三重大学は敷居が高くて……」と言われるのが一番辛かったので、その敷居、垣根を低くしようと思いました。学長になってずっと大事にしてきた想いです。

地域に大学をどんどん開放していく。地域だけでなく、世界にも開いていく。大学の内のものは、どんどん外に出していく。どんなに良いことであっても内に置いていては分かってもらえません。例えば、公開講座やセミナーを、今までは本キャンパスで開催していたのですが、地域拠点のサテライトで行いました。すると、予想以上の参加者があったのです。インターンシップも、学生を外に出す象徴的な教育です。

外と内との垣根を低くし、地域と大学が一緒に作っていく。気が付けば、学生も育ち、地域も発展していく。そうやって、地域の方々も学生も三重が好きになっていく。三重大学だけが良くなるのではない。三重県全体が良くなる。それが三重大学にしかできないことだと思っています。地域になくてはならない大学です。

インターンシップは、その重要な役割を担っているのです。グローバルを掲げている大学なら、インターンシップも世界に行くべきです。三重大学は、地域への貢献なので、学生を地域に出していく。それが三重大学の教育だと思っています。大学には、その大学にしかできないことがあるはずです。三重大学では、これからも三重大学にしかできない教育を大事にしていきます。

インターンシップの全学的な推進

平成27年度に学則を変更し、「第3期中期目標・中期計画及び年度計画」でも地域貢献を明確にしました。インターンシップの全学的な共通目標は、2021年度までに、全学生のインターンシップ（県内企業50%）の卒業要件化です。2021年度の3年生は、全員が参加している状況が達成できそうです。

インターンシップを全学的に推進するにあたり、「三重大学キャリア教育方針」を策定しました。本学では、各学部・研究科の三つのポリシーと並ぶ重要な教育方針です。

キャリア教育方針は、「三重大学キャリア教育・グランドデザイン」「三重大学キャリア教育・ポリシー」「三重大学キャリア教育・支援方針」から構成されています。グランドデザインでは、「三重大学は、多様で変化に富む社会に適応する社会的・職業的自立と人格の形成を生涯にわたって培う教育を三重大学キャリア教育と称し、これを実践する。三重大学では、正課としての教養教育と専門教育並びに教育的インターンシップと課外活動の充実を図ることで、三重大学キャリア教育の実施体制を確立し、学生が自主性、自立性、創造性及び高い専門性を備え、地域に貢献できる能力の形成を目指すとともに『生きる力』を修得し、これを活用できる能力の確保を目標とする」としています。

このようなキャリア教育に関しての教育

三重大学 人文学部、教育学部、医学部、工学部、生物資源学部に地域イノベーション研究科を加えた5学部、6研究科。学生数は学部6,055名、大学院1,138名（平成30年5月1日時点）。昭和24年の建学以来の伝統と実績に基づいて、「三重の力を世界へ：地域に根ざし、世界に誇れる独自性豊かな教育・研究成果を生み出す～人と自然の調和・共生の中で～」を基本的な目標として掲げている。

方針・グランドデザインを策定し、明示している大学は少ないと思います。本学のインターンシップも、この教育方針に則り実践しています。従って、単なる就業体験ではありません。

学内をよく見回すと、インターンシップという括りではありませんが、地域社会の課題に取り組んだり、NPOでボランティアをしたり、企業と共同研究をしたりと、地域との関わりを持った多様な活動がかなりあることが分かりました。それならば、それをどんどんと広げていこう、全学生にやらせようと思ったのです。

インターンシップとして、ああしろ、こうしろと型にはめてしまうと、逆にどんどんと引いていってしまう。上から押し付けるのではなく、既に実践されている多様な社会的体験を認めていき、それを広げていく。どのような社会的体験であれば認めるかは、卒業要件、学部の認定基準が異なるので、各学部で議論してもらう。大学の教育とそぐわない、格差があるような内容は、その格差を埋めるというより、教育に必要な内容に修正していく。それを教員に考えてもらい、学部での位置付けを考えてもらう。

最初からあまりハードルを上げないで、まずは数を増やしていき、数が増えてきたら質を向上させていくというステップ・バイ・ステップです。できることから始め、やりながら修正していき、最終的には全学生が参加できるよう目指しています。

リーダー＝責任を取る

私は、学長室でお昼を食べるのが嫌なんです。教職員の意見を直接聞きたいから、できるだけ一緒に食べるようにしています。相手は嫌かもしれませんが（笑）。

学長として分からないことがたくさんあります。分からないことは聞けばいい。それと、データは重要視しています。データは人一倍読んでいるつもりです。

その結果決めたことの責任は学長が持つ。社会がこれから変わっていく中で、大学が変わらないまま大学としての機能を高めていくのは難しい。大学も変わる必要があります。では、なぜ変わらなくてはいけないのか？　それは、学生のためです。学生が良い人材となるための教育、良い教育をするために変わるのです。その実施主体は大学です。大学が責任を持った教育をしなくてはいけないのです。

私は、リーダーシップの教育なんて受けたことがありません。学長になってまだ3年、リーダーについて語るほどの経験もありません。ただ思うのは、リーダーシップは、作られるものだということです。周りの人からリーダーだと思われる中で作られていく。学生のため、教育のため、地域のため、とやっていれば周りがついてきてくれる。自分が正しいと思うことを信じて、共有して、行動していく。そうしていれば、周りからリーダーだと思われるのではないでしょうか。

（初出　文部科学教育通信 No.455　2019年3月11日号）

インタビューを終えて

小児科医だからでしょうか、大変親しみのあるお人柄でした。行動力のある、まさに率先垂範の学長です。お話の中で、「学生のため」という言葉が頻繁に出てきます。学生のこと、地域のことを本気で考えていることがひしひしと伝わってきました。そして、当たり前のことが当たり前のように行われています。「良い教育であれば全学生にやるのは当然でしょう」。そこになんの躊躇もありません。トップダウンのやらされ感も、現場には漂っていないようです。

本連載の第１回でも書きましたが、今後、大学教育を変える「インターンシップ 2.0」が求められてきます。“地方”の“国立大学”で“全学生”がインターンシップに参加するなど、十年前には考えられなかったことです。しかもそれが就職のためでもなく、大学生き残り戦略のためでもなく、学生のため、地域のためということが画期的です。三重大学のような実践が、一つでも増えていくことを心の底から深く思ったインタビューでした。駒田学長には、予定の時間を大幅に過ぎてまでお話しいただき、改めて御礼を申し上げます。

学長が語るインターンシップ──長岡技術科学大学「実務訓練」から技術者を育成させるインターンシップ

東　信彦 学長

岩﨑　憲一郎（取材・構成）

東　信彦　学長

- 長岡技術科学大学第８代学長
- 北海道大学大学院工学研究科応用物理学専攻博士課程修了
- 長岡技術科学大学工学研究科教授、理事・副学長を経て、2015年９月に学長就任（現職）
- 専門分野は雪氷学
- 1988〜90年第30次日本南極地域観測隊越冬隊員、1994〜96年第36次日本南極地域観測隊ドームふじ越冬隊長

長期インターンシップ「実務訓練」の取組とその意義

本学の指導的技術者の養成は、開学当初の状況を考えると決して順調ではありませんでした。我が国における産業界と大学との連携が盛んでない中、企業も長期の学生受入については難色を示していましたが、当時の日本経済団体連合会（経団連）から産業界への働きかけ等の後押しと、教員による受入先企業の開拓もあって、後に、長期インターンシップとしての「実務訓練」科目が設置されました。「実務訓練」は、現場での実学重視ということで、学生を現場に出して、そこでどういうことが起きているのかを学ばせ、また大学に戻ってきて、さらに自分の足りないところを勉強する。最初からそういう仕組みをつくり教育してきました。

本学のインターンシップは、本学創設の趣旨「実践的・創造的能力を備えた指導的技術者の養成」を実現すべく、特に現場での実務を重視した「実務訓練」を長期間（4〜5カ月間）にわたって、国内外の企業や研究機関等において行っています。

元々、本学は「実践的な技術の開発を主眼とした教育研究」の実施を基本理念として、大学院に重点を置いた工学系の大学として設立しました。入学者の８割は、高等専門学校（高専）から工学の素地のある学生を本学の学部３年次に受け入れています。

これは、高専の皆さんの要望で、高専生

を受け入れる技術科学大学ということで、豊橋と長岡に２校が設立され、その時の高専の校長（国立高等専門学校協会）から、長期の工場実習を義務づけること、産業界で勤務経験を積むこと（のちの「実務訓練」）を是非カリキュラムに入れてくださいという要望が最初からありました。

結果として、本学または豊橋技術科学大学に３年次編入して、４年生の２学期、10月ぐらいから５カ月程度企業等での実習に行かせるという仕組みができあがり「実務訓練」がスタートしました。

長岡技術科学大学　実践的な技術の開発を主眼とした教育研究を行う大学院に重点を置いた工学系の大学として設置された。学生数は学部1,160名、大学院1,182名（平成30年５月１日現在）。約５カ月の実務訓練など、特色ある技術教育の体系をとっており、実践的・創造的能力を備えた指導的技術者の輩出を目指している。

本学の「実務訓練」は、本学大学院へ進学する学生のほぼ全員に対して、約５カ月間の必修科目（8単位）として履修させるものです。

このような取組は海外ではすでにやっている大学も少なくないですが、日本では、なかなか進んでいない状況でしょうか。他大学でも必要だということで検討されるのでしょうが、実際に４年生が全員いなくなると、５カ月程度研究がストップしてしまうこともあるので、おそらく他大学ではなかなかできないのが現状かもしれませんね。

４年生全員を企業に出すということは丸投げではないか、大学は教育を放棄しているのではないか等、言われることもありますが、決して我々はそういうことではなく、各担当教員が一人ひとりの学生の受入先を見つけてくることから始めて、その企業と一緒にその学生のテーマを相談します。実習に行かせてからも、教員は学生の様子を実習先へ何度も訪問し、適宜状況を把握するため、受入先の責任者と一緒に学生の指導にあたっています。そのため、全ての教員が一人当たり平均３社ぐらい担当し、受入先へ出向いています。年間の受入先機関数は、200社から300社程度です。

また、実習後の評価は、派遣終了後に実施する報告会、発表会に出席し、派遣先企業の方と一緒に、学生がどういう研究を行い、訓練を受けたのか、何を学んだのか等について質疑により評価する。この方法は、先方の責任者と大学側の担当教員により行われ、学生がどのような実習の下、どういう訓練を受けてきたのか、全ての社会教育面についての学びや、社員等とのコミュニケーションは適切にとれたのか等の全てについて評価報告を受け、最終的に評価を行う。このような取組を40年以上続けてきています。まさに全学的、組織的な取組が、開学当初からしっかりとできていることが特長です。

「実務訓練」での教育的効果

本学の「実務訓練」では、主として、短期的な視点と長期的な視点により、教育的効果を評価しています。

短期的な視点としては、「実務訓練」の学生に、毎月「報告書」を受入先の指導者へ提出させ、その中には、定性的な評価項目のほかに、当初目標への到達度を定量的に評価する項目が含まれています。「実務訓練」期間の終了後には、受入企業等の責任者から「評定書」ならびに担当教員の現地視察に基づく「調査書」を作成して訓練内容を評価および検証しています。

更には、学生による「報告会」を開催し、その結果を含め、単位認定の可否を審議しています。

また、「実務訓練」の履修者に記名式のアンケートを行い、「実務訓練」がどのように役立ったか自己評価を行わせ、結果を統計的に定量的に把握し、次年度以降へのフィードバックに活用しています。

このように、学生の「実務訓練」後のアンケートから、データの検証・分析を行っていますので、学生の成長や変化等のデータを積み上げています。ただ、感覚的に言うとすれば、現場や社会を見ることで人間が変わったな、しっかり成長したな、という感じで、いろいろな面で変貌を遂げて帰ってきます。

大学であればやはり「甘え」が先生との間にでてくる。企業に行くことで、全く甘えが通用しない世界に放り出されて、社会の厳しさを認識します。そのことを知りながら、また大学院でいろいろと学び続けていけるわけです。

しかしながら、本学の学生も、大学生活を彼らなりに楽しみます。それはそれで、社会に出たらこうなのだと、今のうちに準備しておこうと、そういう意味で大きな役割を果たしていると思います。

教員目線ではそうなりますが、学生からの視点では、就職を見据えた点もあります。また、企業側としては、学生を受け入れてみてメリットになったかどうかという観点もあると思います。学生側からすると「実務訓練」に行った企業に必ずしも就職するというわけではない。それはいいことでもあります。修士の2年間があるから、2年後に就職する時に、自分はどういう適性を持っているか、どういう仕事であれば続けられそうかというのを、はっきりと持つことができます。受け入れた企業の方からは、「おたくの学生さんは、面接の時から聞くことが違う」と言われることがあります。

これは、担当の教員が、受入先となる企業を開拓して、学生の特性や知識レベルに合わせた適切なインターンシッププログラムの設計・構築を行っていること、また、事前指導から実習中のケア、事後指導として報告会による振り返りを行う等、きめ細やかな指導により教育的効果を高めているからです。

このことは、本学の学生のほぼ100％の就職率や過去３年間における（平成27年～29年入社）就職後の離職率5％という低水準であることから、統計的にも裏付けられています。

「実務訓練」担当教員の意識改革

本学の「実務訓練」の受入先の開拓については、教員の努力に負うところが大きいです。長年の実績によりノウハウは蓄積されていて、受入先は企業側の事情により毎年少しずつ変化していますが、学生数を上回る受入枠数の維持には各担当教員の不断の努力によるところは大きく、これについては、本学では全ての教員が受入先の開拓に携わることで、互助の仕組みができています。

継続実施に当たっては、派遣前には「実務訓練シンポジウム」を毎年全学行事として開催し、教員間での組織的な情報共有と、学生への情報提供を実施しています。

事後には学生による専攻ごとの「実務訓練報告会」を毎年開催し、課程ごとに内容と成果を確認し、質の向上を目的としたフィードバックがなされるよう情報共有の機会を設けています。

このような仕組みについては、新任の教員には、業務的な負荷も大きい取組ですし、やらされ感も少なからずあるとは思いますが、それは段々とではありますが意識は変わってきますね。各担当教員にとっては、実際に履修学生の実習後の成長した姿を目の当たりにして、まさに実習体験を通じて一皮むけるような変貌を遂げる学生があらわれること等のビフォー・アフターや、担当として割り当てられることでの責任感と教育的効果を実感することで、数年はかかるとは思いますがその重要性が自然に意識付けられて、教員としての達成感へとつながっているのではないかと思います。

学長の考える「社会における即戦力を育てる」こと

やはり、「人を育てる」こと、本学でいう指導的技術者の養成に大切なことは、現場の実学重視、もうこれに尽きます。エン

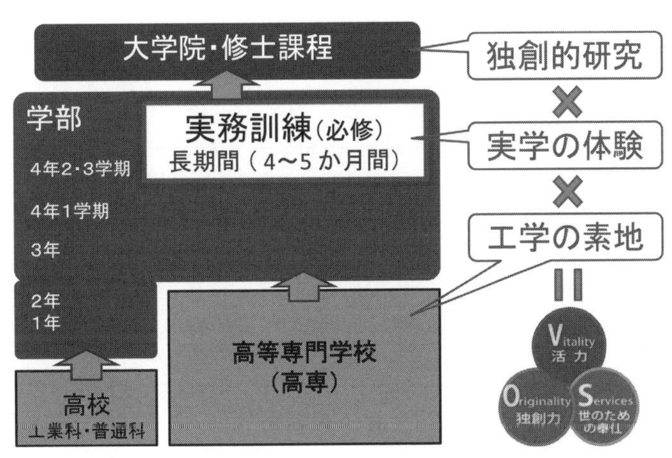

図１　インターンシップ「実務訓練」の特徴

ジニア教育には、現場を見ないとダメです。まず現場に放り込んで、それで実学の礎となることをしっかり学ばせることが大切です。

これはもう本学の一番の基本理念ですし、それは必ず守らなければいけないことです。それを学生の皆さんにご理解していただいた上で、「実務訓練」に臨んでもらっています。もちろん、現場での課題解決プロセスを学ぶにはやはり長期でないといけません。「実務訓練」では、少なくとも4カ月から5カ月は必要ですし、この実務期間を、絶対確保しなければなりません。

一方、学長就任時から思っていたことですが、「即戦力」という言葉には違和感がありました。大学というのはもう少し長期的な視野を見据えて、人を育てていくところではないかと思います。そもそも、「すぐ社会で役に立つような人材を育てる場所ではない」と思います。

やはり、即戦力の「即」の意味合いは、すぐにその場で何かの役に立つとか、社会に出てすぐに役に立つスキルとして身に付けた実務・実践ということではなくて、技術者としての考え方、自分の立ち位置や何が懸案で課題となっているのかを、きちんと把握して社会に出て対応できるような、そのような人間を「即戦力」というのだと思います。

「実務訓練」と産業界への理解・協力

長期にわたる「実務訓練」ですので、現場での実践として、様々な業務体験をするわけです。もちろん、営業にも一緒に行かせてもらったりもします。

私からも、「販売」や各作業工程での検査とか、本当にいろいろな場面での実務も見せてやってくれと言っています。

あるいは、実際に学生が設計したものを持って工場に行ってみると、工場の人からは、「こんなもん作れるか！」と叱られて帰ってくるわけです。要するに、作れないようなものを設計して、ダメ出しされてくる。そういう体験が、学生にとって視野を広げるにはいい学びの機会になっていると思います。

本学の学生の多くは、高専でいろいろな技術を学んできているので、4年次で現場に行ってもすぐに働けます。ですから実習先の現場の人には、「非常に役に立ったので、このままずっといてほしい」と言われますし、「次回も本学の学生に来てほしい」という要請が結構あります。

しかしながら、最近はインターンシップを行う大学が多くなってきましたので、本学だけを特別扱いできないということで、企業から断られたこともあります。企業はやはり、すぐに就職につなげたい気持ちが強いのです。本学の「実務訓練」は、4年次で5カ月間の実習に来て、その企業を気に入っても帰ってしまう。そのあと2年間の修士課程があり、その間に、学生本人の気が変わることもあります。そうなると、やはり企業としては、すぐに就職してくれるような短期インターンシップのほうが重要だというようなことを言われて、「実務訓練」の受け入れをストップした企業もありました。

しかしながら、もちろん、そういう企業ばかりではなく、就職に即つながらなくても良いと言ってくれる企業は長続きしています。現場も受け入れる労力や手間は大変だと思います。「実務訓練」は、企業も忙しい中で、手取り足取りで、学生を見ていくことは大変です。今も継続して協力いただいている理解のある企業からは、「来てもらって良かったよ」と言ってもらえる。我々もそれを励みにしながらやっています。

（初出　文部科学教育通信No.459　2019年5月13日号）

インタビューを終えて

このたび、東学長からお話をおうかがいして、学長ご本人の実直さと技術者としてイノベーションを起こす人材の育成や学生の成長に対する想い、また、指導者としてリーダシップの側面を垣間見ることができました。

これまで、長期インターンシップとしての「実務訓練」をこれだけの手間ひまをかけて作り上げ、途中で別路線にいくこともなく、40年以上も続けてこられたことについては、東学長の「技術者養成」への信念と熱意が感じられました。そういうところからも、昨年度の文部科学省「大学等におけるインターンシップ表彰」優秀賞受賞にもつながるような、長年にわたって、工学の素地を持つ学生を受け入れ、「実務訓練」により実学を体験させ、大学院において独創的研究を実施することで、「技術科学」に関する創造的能力を啓発させる、大学としての理念にも対応した取組と思います。

長岡技術科学大学の「実務訓練」が、こうして「実学と現場重視」の現場教育をやってこられたことによって、これまで数多く実践的な技術者を育てている機関でありますので、今後とも産学協働によるこの取組の重要性や存在意義を認識しながら、日本の科学技術の発展に貢献していただきたいと思います。

インターンシップ専門人材実践レポート —— 静岡大学

「悪戦苦闘」からの思い

宇賀田　栄次

宇賀田　栄次（うがた　えいじ）
静岡大学学生支援センターキャリアサポート部門准教授。公益社団法人ふじのくに地域・大学コンソーシアムインターンシップ推進委員会委員長。民間企業での人事責任者、採用支援企業の代表を経て大学教員へ。国家資格キャリアコンサルタント。

はじめに

2010年度から始まった「就業力育成支援事業」の特任教員として静岡大学（以下、本学）に着任した筆者は、その後、「産業界のニーズに対応した教育改善・充実体制整備事業」に関わり、2015年からは専任教員としてインターンシップのほか、初年次教育や就職支援も含めた学生のキャリア形成支援を担当している。

本シリーズ第1回では、松高CIAC代表理事から、インターンシップ専門人材の多くが「孤軍奮闘、悪戦苦闘の連続」との指摘があった。本稿では、文部科学省から示されている専門人材の四つの要素について、「何をやったのか」だけではなく、「どう進めたのか」にも焦点を当て、日々の「悪戦苦闘」ぶりについて率直に披露したい。またそれらから筆者なりに考える専門人材の役割や意義を整理してみたい。

要素①プログラム構築

これまで、既存のインターンシップ科目の授業改善のほか、新規開講科目や正課外のプログラムもいくつか構築してきた（**表**）。新規開講科目のプログラムは、元々構想していたものや学部の科目担当教員からの相談をもとに組み立てたものだが、正課外のプログラムは、学生のニーズや連携先から受けた相談をきっかけにしたものが多く、ニーズや課題を整理するなかでインターンシップが最適な方法ではないかと考え、構築したものがほとんどである。つまり、インターンシップは学習や連携の一つの方法と捉えている。

学生のニーズといっても、「こんなインターンシップに参加してみたい」という声だけでなく、学生の言動や行動を見て感じる「引っ掛かり」のようなもの、例えば「こういう経験ができたら視野が広がるのではないか」「こういう社会人と話をしたら考えが変化するのではないか」というような筆者自身の感覚が起点になることが多い。

企業等の連携先からの相談もインターンシップを前提としたものはほとんどなく、「大学と一緒に何かできないか」「学生にもっと知ってもらいたい」というようなものが多い。

学生と企業等とを結びつけてインターンシッププログラムを構築するだけなら民間の支援機関が役割を果たしてくれるだろう。つまり専門人材でなくてもよい。専門人材がプログラム構築に関わる意義は、プログラムの成果を大学教育や研究、産学連携などの大学の成果として引き寄せられるかどうかにある。そのためには専門人材の立ち位置はあくまで大学になければならず、大学の目指す方向と一致しなくてはならないと考える。

特に大学教育としてのインターンシップは、大学の理念やビジョンを前提としたディプロマポリシーやカリキュラムポリシーとの関わりが欠かせないが、専門人材はキーワードをなぞるだけでなく、自らの教育観や信念と照らし合わせた上で、立場の異なる利害関係者が理解できる言葉に変換して表現できることが求められると感じている。

静岡大学
静岡県内2つのキャンパスに人文社会科学部、教育学部、情報学部、理学部、工学部、農学部のほか、地域創造学環（全学横断型教育プログラム）があり、6つの大学院と併せ、学部8,085名、大学院1,626名（平成30年度現在）が在籍。

要素②学生との関係

インターンシップの成果を共有する上で、学生、大学（学内）、企業等という三者の期待や思惑を調整する専門人材の果たす役割は大きい。とりわけインターンシップにおける「ゴール」（目標）の共有は重要である。

学習意欲の喚起や職業意識の育成は目的

表

	連携先企業等	プログラム内容
学際科目 「インターンシップの理論と実践」	静岡銀行、静岡経済研究所、静岡県庁経済産業部	静岡県の食品産業の状況等に関する講義、食品商談会で販売体験、食品または農業関連企業での実習、実習先への提案
地域創造学環専門科目 「地域創造インターンシップⅠ」	静岡ロータリークラブ	社会で求められる「コミュニケーション」「チームワーク」等について調べ学習、グループ討議を経て仮説立て、実習先での検証を目的とした実習、ポスター発表
理学部専門科目 「サイエンスイノベーション実習」	静岡県内企業14社	基礎科学と社会との接点となる「イノベーション」「アルゴリズム」などのカテゴリ別に実習先を選択、実習を通して学びとの関係についてレポートまとめ
クロスボーダー型インターンシップ	藍澤證券	地域・業種を跨ぐ企業での体験、証券業務を通した企業理解によりグループで提案（内閣府「金融機関による地方創生『特徴的な取組事例』」表彰）
商談実務体験インターンシップ	静岡信用金庫、焼津信用金庫、静清信用金庫、島田信用金庫	信用金庫主催の商談会に出展する中小企業での実習、実習をもとに商談会で販売体験、レポートまとめ
商店街連携インターンシップ	静岡市鷹匠一丁目商業発展会	商店街振興に関する行政の講義、商店街役員会参加、個店での実習、商店街イベントの運営、商店街・行政への提案
らぶしずインターンシップ	I Loveしずおか協議会	4カ月間、社会人と学生がチームを組み、クリスマス市街地活性イベント企画、運営
ワークラリーしずおかインターンシップ	静岡県庁雇用推進課、ふじのくに地域・大学コンソーシアム	1・2年生対象ジョブシャドウイングによる複数社での仕事観察体験、成果シートでのまとめ
戦力補強型長期有償インターンシップ	クレディセゾン、ループドライブ	正社員の手が回らない業務を専門技能を使って2カ月間体験、新入社員と同じ人事評価によるフィードバック
IT業界研究インターンシップ	静岡情報産業協会	IT業界4社を1日ずつ業務体験、異なる業務によりIT業界の流れを理解、最終日に発表

としては共有できるが、ゴールが不明確だと学生も達成感が得られず、何より、学習意欲や職業意識は学生自身の内発的動機がなければ成果は一過性になってしまう。

本学ではインターンシップの正課科目履修者を対象にした事前・事後研修を行っているが、最も大切にしているのは学生自身による「目標立て」と「目標に対する評価基準づくり」である。立てた目標を客観的に評価できるよう、事前研修では、社会人の協力を得て、簡単なルーブリックを学生自身が作成し、事後研修ではその達成具合についての自己評価についてインターンシップ先とは関係ない社会人からフィードバックをもらうという取組を行っている。

「グループアドバイザー」として招聘する社会人（地域企業や自治体の人事担当者、経営者、卒業生）約30名は地域経済団体の協力を得て無報酬で協力いただいているが、「学生の率直な考えを聞くことができた」「インターンシップに対する学生の不安や期待が理解できた」と好評で、学生にとっても、目標立てや評価に対する社会人視点でのアドバイスが得られることでの自信や、社会人とのコミュニケーション不安が解消できたりする効果につながっている。

研修は100名規模になり、それまでは学生同士でのグループワークを行っていたが、フィードバックが十分にできない課題があった。現在はファシリテーター1名（筆者）が担当しながら、コストをかけず学生一人一人にフィードバックできるようになった。

また、これらの事前・事後研修とは異なる事前・事後学習プログラムを組み込んだ正課科目も構築した。

「地力（じりき）発掘型インターンシップ」と名付けているが、社会で求められる「コミュニケーション」や「チームワーク」などのキーワードについて、インターンシップを通して学生が自らの言葉で表現することで、学生は社会で求められる力や姿勢を自分事として理解する。また、受け入れ先は自社の「コミュニケーション」や「チームワーク」が学生にどう映っているのかを知ることで、自社の知的資本に気づくというものである。この科目では、インターンシップを仮説検証の機会として活用している。事前学習は、個人での調べ学習を経て、グループワークを通して学生自身が「コミュニケーション」や「チームワーク」などについて自分の言葉で仮定義する。その上でキーワードに対して自らが問いを立て、インターンシップでの目標を設定する。例えば「企業で求められるコミュニケーションとはどんな場面なのか、そこではどんな行動や姿勢が評価されるのか、体験を通した自分の言葉で表現する」というような目標である。事後学習では仮定義した内容、問い、問いに対する検証結果をポスター形式にまとめ、履修者全員、他学生も含めたインターンシップ受け入れ先、学内の教職員が投票し、優れたポスターを表彰している。

「問い→仮説→検証→論理立てたまとめ」という学習サイクルにインターンシップを活用することで、学生と受け入れ先との

「ゴール」も共有しやすく、大学教育の成果として可視化しやすい。

要素③大学等（学内）との関係

インターンシップ専門人材養成研修会で知り合う他大学の専門人材の多くから「学内調整、理解が最も難しい」という声を聞く。ここでいう「学内」とは「学長をはじめとする大学執行部」「自分の上司」「インターンシップ担当の学部教員」「インターンシップに係る事務を取り扱う職員」がおおよそ当てはまる。専門人材として、これらの「学内」関係者との関わりはプログラム運用に直接影響する。

筆者が本学に着任した当初、ほとんどの学部にインターンシップ科目が開講されていたため、まず各科目の履修状況や課題などについて学部の担当者に状況を訊いた。

本学の場合、多くの学部で科目運営組織があるものの、担当教員は単年、長くても2年での輪番制のため、全体像をつかむことが難しい場合が多かった。一方、担当職員は、少なくとも3年程度は科目運営に関わるため課題の把握はできているものの、教育効果などに関する問題意識や改善方法の提案は「教員の仕事」と線を引いているケースも見られた。

大学では教員と職員との間に見えない壁があるとも言われる。決して対立構造にあるわけではないが、教員は「職員の事務負担を増やしてはならない」、職員は「授業内容には口を出してはならない」とお互いの思いやり（？）が授業改善を阻むこともある。専門人材としてできることは、教員と職員との間に立って妥協点を見つけるだけでなく、大学の目指す方向を共有した上で、場合によっては教員と職員とをつなぐ「鎹（かすがい）」となり、必要な改善に向けたチームを作ることであると考えている。

チームを作るというのは、コンセンサスを得る会議を持つということではなく、担当教員や職員が交代してもインターンシッププログラムの持続的な運用ができる仕組みを作るということである。教員、職員の守備範囲は広がっており、特に学部ではインターンシップに関する専任の教職員がいるケースは稀だろう。インターンシップに関する知識も十分でない者が担当する場合もある。専門人材がフォローできる範囲であればよいが、専門人材がいないと運用できない状況では組織として成り立たず、結

全学インターンシップ事前研修会2018

果として学生への教育機会を失わせてしまう。

幸いに筆者は「孤軍奮闘」といった状況になく、「大学等（学内）との関係」に関しては「悪戦苦闘」する場面も少ないが、学内で同じ立場で同じ業務を行う教員がいないため、「本当にこれでよいのか」と不安になることもある。そうしたときに心強いのがJASSOやCIACが開催するインターンシップ専門人材に関わるセミナー等である。意見交換の機会で本学での状況を話すことにより筆者自身の振り返りと気づきが得られ、他大学の優れた取組に刺激を受け、取組意欲も高まる貴重な場となっている。「学内調整」の奥義は、学外の専門人材に学ぶことが近道かもしれない。

要素④企業等との関係

筆者は大学着任前に長らく企業側の立場にいたため、インターンシップにおける企業等の状況はよく理解できる。しかし、自らの経験に重ねるだけでは判断を誤ってしまう。

例えば、2011年頃、地方企業のインターンシップへの関心はそれほど高くなかった。静岡県内企業を対象とした調査でも採用活動の一環としてインターンシップを実施した企業は約14％しかなく、翌年の調査でも「これまで大学生を対象に職場体験・インターンシップを実施したことのある企業」は約27％だった（公益財団法人就職支援財団・一般財団法人静岡経済研究所調査）。同じ時期の全国調査ではインターンシップを実施した企業は40％を超えており（株式会社リクルート就職みらい研究所調査）、実施割合に差がみられた。

インターンシップに限らず、企業等では従業員規模や業種、立地などによって採用や教育に関する状況が異なる。大都市圏と地方との温度差もある。また、インターンシップに関わるのは民間企業や経済団体だけでなく、自治体やNPO法人などもあり、インターンシップへの期待もさまざまである。専門人材としては偏った情報にとらわれず、目の前の学生、大学の目指す方向を見据えた判断が求められる。

また、企業の採用活動の一環として行われるインターンシップも見られる状況について、専門人材として企業等とどのように関わるのか学内外への説明が求められる。いわゆるワンデーインターンシップなどは「インターンシップではない」と言うことは簡単だが、採用広報解禁時期から企業情報を案内しても関心をもつ学生が少なく、「一人でも多くの学生に自社のことを知ってもらいたい」と短期間のインターンシップを企画する企業の事情も理解できる。学生も短期間の方が数多くの機会を利用し、企業の比較がしやすいという声もある。

筆者は学生に対して、「大学教育としてのインターンシップ」と「採用活動としてのインターンシップ」があり、自分の目的や目標に合わせて活用していくことが重要であること、どちらのインターンシップも目標立てと振り返りをしないと成果は得られないことを年度はじめのインターンシップガイダンスで伝えている。

企業等との関係において「大学教育としてのインターンシップ」と「採用活動としてのインターンシップ」とを二項対立的に捉えるばかりでは専門人材としての役割は果たせないだろう。今年1月に「採用と大学教育の未来に関する産学協議会」が開かれ、分科会の一つでは、採用とインターンシップのあり方に関する議論も進められるということだが、専門人材としてはその議論を静観するだけでなく、「どうあるべきなのか」、自身の言葉で語ることができるよう考える必要がある。

おわりに

「悪戦苦闘」ぶりというよりは一人の専門人材として日頃感じている思いを書いただけになったようだ。今後専門人材の役割がさらに明確化される過程にいるなか、一つの見方として認識いただければ幸いである。

最後に専門人材の雇用環境について述べておきたい。インターンシップ専門人材研修会でお会いする専門人材のなかには有期雇用の方が数多くいる。「大学改革としてのインターンシップの推進に係る専門人材の育成・配置」について、昨年5月に文部科学省からの事務連絡文書も出され、今後ますます専門人材への期待が高まるなか、有期雇用であることにより、インターンシップの成果が大学内に蓄積されない懸念がある。国だけでなく、各大学、それぞれの地域企業等がインターンシップに係る専門人材の役割を理解し、雇用の問題にもどう答えを出していくのか自分事として捉え解決に導くことを望みたい。

（初出　文科学教育通信No.456　2019年3月25日号）

インターンシップ専門人材実践レポート —— 島根大学

地方国立大学における約6年の実践を振り返って

田中　久美子

田中　久美子（たなか　くみこ）
島根大学　教育・学生支援機構　キャリアセンター　就職支援部門長（講師）。前任校でインターンシップ専門人材として活躍した経験を活かし、現在はキャリア教育や就職活動支援の業務に携わり、正課外教育の効果に関する研究に取り組む。

はじめに

ここ数年でインターンシップの量的拡大が急速に進んだ。18歳人口の減少等による企業の人材不足等や新卒採用スケジュールの変更という受け入れ拡大要因の追い風もさることながら、やはりインターンシップ専門人材（以下、専門人材）の活躍が大きく貢献しているのではないだろうか。専門人材への期待は益々高まりを見せ、平成30年5月31日付文部科学省事務連絡文書の「大学改革としてのインターンシップの推進に係る専門人材の育成・配置について—組織的なインターンシップの推進に向けた、専門人材の役割の明確化—」が発信され、その役割等が明記されたのも記憶に新しい。筆者もインターンシップに関わる一人として読み、改めて自身の業務を振り返った。とにかく量を増やすことだけを考えながら取り組んできた立場としては、「やっとここまで体制を整備できた」と思っていた。そんなときCIAC代表理事の松高先生が本シリーズ第1回で大学側と学生・企業の認識のずれを指摘された。「大学側の認識が甘い」と一刀両断され、達成感に浸っている場合ではないと、気持ちを新たにしたところである。筆者の専門人材としての経験はまだ浅く、専門家として求められる技能を十分に備えているとは言いきれないが、想いをもって取り組んできた。ここでは、地方国立大学における約6年間の実践を紹介しながら専門人材の実際をレポートする。

筆者は二つの地方国立大学でインターンシップに携わってきた。きっかけは、前任校で取り組んだ「産業界のニーズに対応した教育改善・充実体制整備事業テーマA（平成24から26年度）」のインターンシップコーディネーター業務がきっかけであった。筆者自身も学生時代に体験したことがなく、まだまだ文化として根付いていないインターンシップを大学内や地域社会にどうやって浸透させるかを考え、試行錯誤をしてきた。手探りではあったが「課題解決型インターンシップ」の導入を手掛け、現在でも後継事業の中で引き続き運用されている。その後、平成27年に島根大学（以下、本学）へ着任し、現在はキャリアセンターの専任教員として、インターンシップやキャリア教育、就職支援を中心に担当している。

島根大学
松江キャンパスに法文、教育、人間科学、総合理工、生物資源科学の5学部、出雲キャンパスに医学部があり、学部は5,317名、大学院は738名が在籍する（令和元年5月1日現在）。大学のキャッチフレーズは「人とともに 地域とともに」。

大学での位置づけ

インターンシップの拡大により、インターンシップ参加を理由に授業を休む学生が増加し、困惑した大学関係者は多いのではないだろうか。大学が推進するインターンシップだけでなく、新卒採用を目的とした企業等が独自に実施するインターンシップの混在が状況を複雑化させる。本シリーズの第2回で日本学生支援機構の頼本維樹部長（当時）が、インターンシップは「事実としてのインターンシップ」と、そのうち「施策として推進すべきインターンシップ」との2種類があると示されたが、まさに「事実としてのインターンシップ」の拡大と多様化が、混乱を招いた。本学においても、平成28年度から「長期インターンシップ参加のための半期休学」を申し出る学生が目立ち始めた頃に、「本学を取り巻くインターンシップの現況」に関するFD研修を行った。当時はまだ「インターンシップは学業を妨げているのではないか」や「休学してまでインターンシップに参加する必要があるのか」という意見が多かった。大学としてのスタンスを示せていなかったのが原因だと考え、まずは先生方に「大学教育の一環として実施するインターンシップ」を知ってもらうことから始めた。これまで「授業を休む理由」としてしかインターンシップを認知していなかった先生方には、大学教育の一環として位置づけるインターンシップがあることに驚かれたのを記憶している。

インターンシッププログラム紹介

ここで本学が全学的に実施するインターンシップを二つ紹介する。本学では、地元島根県の公益財団法人ふるさと島根定住財団（以下、定住財団）の協力で実施する「しまね学生インターンシップ」を中心に据えている。これは夏期・春期の長期休暇を利用した5日間程度の就業体験を基本としており、島根県でインターンシップをしたい学生は誰でも無料で参加できる。本学からは毎年100名以上の学生がこの制度を利用している。定住財団とは役割分担をしており、学生を対象にした事前指導・事後指導は大学が中心、企業の募集・マッチングは、定住財団が中心、実習中のモニタリ

写真　企業対象研修会の様子

ング等は共同で行っている。

大学教育としての質を担保するために大学が教育的観点で関与するのはもちろんだが、効率的運営のためには外部の協力も欠かせない。インターンシップ実施においてマッチングは重要であるが、その機能は必ずしも学内にある必要はない。学内と学外のつなぎ役としての専門人材がしっかりハンドリングしていれば、役割分担が機能する。大切なのは「当事者が目標を持ち、それを関係者が共有できていること」である。例えば学生には何を学ぶためにインターンシップに参加するのか、それはどんな場面で実現したいのか考えて「目標設定シート」を記入し、それを実習先に提出するよう指導している。同時に企業にもプログラムの詳細を明記するよう伝えている。学生の目標が明確でも、受入先のプログラムが「店舗業務を行ってもらいます」程度の記載では、学生が選ぶことができないからだ。学生と企業が考えていることを明文化することで、学内外のインターンシップ担当者の認識のズレを防ぐことにつながる。

定住財団とは、着任当初から何度も意見交換を重ねて今の関係性ができた。平成29年度には地元地域で初めての合同マッチング会として「しまねインターンシップフェア」を共催した。魅力的なプログラムがあるのにネームバリューが低いために応募者が少ない企業等を学生に紹介することを目的に実施したところ、170名以上の参加があった。出展企業へのインターンシップ参加も見られ、目的を果たすことができた。

そして、平成30年度から新規の教養科目として「地域共創インターンシップ」を始動させた。前述の「しまね学生インターンシップ」は、なるべく多くの学生が忙しい中でも参加でき、働くことを学べる機会として実施してきた。長期休暇中であってもアルバイトや部活動、集中講義などを抱える忙しい学生にとって5日間のインターンシップは比較的参加しやすい。

一方学内では地域志向型キャリア教育を全学展開し、学生の「新たな課題解決に挑戦し、地域の未来を自ら提案・実践する力」を育成する機運が高まり、教育プログラムの一つとして「地域共創インターンシップ」の新規開講に至った。「しまね学生インターンシップ」より学生と企業、大学のコミットメントが求められる実践型のインターンシップに取り組むこととなった。新たなインターンシップ科目は、学部2年時にインターンシップ先決定のための面談を行い、目的や進路希望に合う受入先とのマッチングをし、3年時の夏以降に約2週間から4週間のインターンシップを島根県で行うというものである。20名弱の学生のマッチングに5名の教員、2つの自治体から職員数名が関わるという、初年度はややコストのかかるインターンシップとなった。しかし、ほとんどの教員が実践型インターンシップに取り組むのは初めてだったので、最初は一緒にインターンシップの流れを見届け、ノウハウを共有した。この授業科目を拡大・継続するには学内の専門人材を一人でも多く増やす必要があるので、今後も学内の仲間作りは重要である。

地域との連携

約6年間、地方の国立大学に在籍してきて感じることは、やはり地域との連携の重要性である。本学が立地する島根県は、過疎化・高齢化などを全国に先駆けて経験している課題先進県と言わる。全国で地方創生の取組が始まる随分前から自治体が独自の体制を整えてきた。インターンシップについても、前述の「しまね学生インターンシップ」は十年前から体制が整備されていた。ただ、その中身は、企業へのお願いベースのインターンシップであり、受け入れた学生を「お客」として扱われるなど、課題が多かった。中には「下手に指導をしたら悪い噂をされて今後の採用活動に悪影響を及ぼす。学生をお客扱いして何が悪い」と言われたこともある。ここは大いに改善の余地があると考え、筆者は着任してすぐ、地域の企業人の勉強会や、時には飲み会に顔を出し、情報交換するよう心掛けてきた（どちらかと言うとアンオフィシャルな場の方が、本音が聞ける気がしている）。話を聞くと、企業側も実際どのようなプログラムが良いかわからず、困っていることがわかり、受け入れ企業を対象にしたインターンシップ研修会を導入した。

企業向けの集合型研修は、様々なバリエーションを設けて行っているが、毎回好評なのが、「学生と一緒に学ぶシリーズ」である。例えば学生にとって魅力があり、なおかつ企業にとってメリットがあるプログラムを作成する講座では、学生と企業人がチームを組み、一緒にプログラム策定をしている。参加学生は1回以上インターンシップに参加した経験がある学生で、自分たちがどのような基準でインターンシップを選択したのかを正直に話してもらっている。企業が「学生の視点」を取り入れたプログラムが作成できるのはもとより、学生は社会人との会話の練習になり、大学としても企業人に学生の様子を知ってもらう好機となっている。

プログラム開発はインターンシップの肝であり、難しいところではあるが、だからといって、地域で行われる全てのインターンシップのプログラム設計に一大学の専門人材が関わる必要はない。しかし、地域の企業のインターンシップのレベルを高め、より質の高いインターンシッププログラムを地域に根付かせる活動は、地方大学の専門人材にとって特に重要な役目であると認識し、力を入れて運営している。

ただ、現在は企業人のインターンシップへの期待が高すぎるようにも感じる。地方中小企業の人材不足問題における万能特効薬のように、何でも「インターンシップで解決しよう」と扱われることには疑問を感じる。大学が地域や企業と連携して取り組むものはインターンシップだけではない。キャリア教育で言えばPBLや企業訪問バスツアーがあり、共同研究という方法もある。専門人材は、時にはインターンシップ以外の方策についても情報を持ち、提案できる必要があるだろう。

学生の動機づけ

ここ数年でインターンシップ研究は随分と充実し、JASSOやCIACの専門人材育成研修などに出席すれば、トップクラスのノウハウが惜しみなく共有されている。世の中はインターンシップの手法やプログラム開発を始めるのに情報不足で困る時代ではない。ここまで筆者が書いてきた事例についても、恐らく多くの大学が同じような仕組みを持っているであろう。決して目新しい取組ではない。

問題は、どこまで御膳立てしても、参加しない学生がいて、その学生たちをどうするかという点である。本学では、平成30年度は約500名（延べ数）のインターンシップ参加報告があった。これは4年前のちょうど3倍の人数である。数としては増えているが、1学年およそ1,000人が在籍する本学においては、まだまだ満足できる人数ではない。インターンシップにおいて、参加した学生の評価等に議論が集中しがちだが、専門人材にはインターンシップに参加しない学生へのまなざしも重要である。大学教育の一環として位置付けるからこそ、インターンシップを避ける学生に対して何が必要なのかを考えるべきである。

近年では、インターンシップ科目を全学必修に踏み切る大学もある。本学では昨年度から「長期インターンシップ支援金」による経済的支援を始め、今年からフレックスタームを導入し、学生がインターンシップ等へ参加しやすい環境整備に注力している。一人でも多くの学生が目標をもって、主体的にインターンシップに参加して欲しいと考えるからだ。その為には、インターンシップに参加しなかった学生が、どのような理由で参加しなかったのかを、真剣に議論する必要がある。大学が教育効果の高いインターンシップを提供しても、受け取らない学生層がいる事実に、真摯に向き合わなければならない。

最後に

このレポートの結びに、筆者が専門人材の一人として今後注力することについて言及したい。インターンシップは、送り出しまでに非常に煩雑な業務が伴う。加えて実習中は突発的出来事への対応が求められることもあり、他の仕事をしながらも頭のどこかでインターンシップのスケジュールが動いている。大変ではあるが、自分たちが手掛けたプログラムで学生や企業人が多くを学び、成長していく様子を間近で見られるのは伴走者役であるこの仕事の醍醐味であろう。

しかし、自分たちのやりがいで終わらせてはいけない。それだといつまでも専門人材は学内で「インターンシップの担当者」としてしか認識されない。CIAC研修の中では、終始「大学教育としてのインターンシップの位置づけ」を考えさせられた。「大学改革に踏み込む勇気を持とう」という言葉も心に響くもので、自分たちの仕事の広がりを感じることができた。そこで、今後はインターンシップの教育効果の測定に注力する。学生の入学から卒業までの中で、インターンシップは何にどのような効果があったのかの研究にも取り組みたい。インターンシップの価値を可視化し、大学教育にインターンシップを根付かせていくことが目標である。

（初出　文部科学教育通信 No.461　2019年6月10日号）

インターンシップ専門人材実践レポート —— 尾道市立大学

学生がエンパワメントされるインターンシップを目指して

八坂　徳子

八坂　徳子（やさか　のりこ）
尾道市立大学キャリアサポートセンター特任講師。民間企業の役員として人事・管理部門に携わり、その後大学職員（就職支援）を経て大学教員（キャリア教育）へ。国家資格キャリアコンサルタント。

はじめに

企業の経済活動の現場から、大学という、社会へ人材を輩出する現場へと身を転じて約10年。キャリア教育・就職支援に携わる中で、学生たちとの対話を通じて若者の課題と向き合ってきた。昨今、売り手市場といわれる状況は続いているものの、入社3年以内の離職率は依然として3割程度を記録している。就職後のミスマッチを防ぐために有効であると考えられている「インターンシップ」は、果たして正しく機能しているのであろうか。

3年前、公立大学のキャリア教育担当教員として着任した筆者は、インターンシップの重要性を切実に感じつつも、多くの課題や疑問を解消できずにいた。本学のプログラム、事前・事後学習は、学生たちの学びを深め、定着させるものとなっているのであろうかと、自問自答の日々であった。そんな時に機会を得たのが、独立行政法人日本学生支援機構（JASSO）の「インターンシップ等専門人材ワークショップ」（以下ワークショップ）と一般社団法人産学協働人材育成コンソーシアム（CIAC）の「インターンシップの推進に係る専門人材研修会」（以下「研修会」）であった。

今回は、その研修会やセミナーを通じて学び、インターンシップ専門人材として、学生、大学、企業と関わりながら成長する過程を、実践事例とともにレポートしたい。

事前学習とインターンシップ参加要件

2016年4月、筆者は尾道市立大学に特任講師として着任した。キャリア形成科目の4科目を単独で担当し、それ以外の1科目「インターンシップ」を学部の専任教員2名と共に受け持つことになった。

インターンシップの科目履修生は、事前学習（4回）、事後学習、就業体験（5日以上）の全てに参加し、かつ報告書を提出することにより単位を得る資格が与えられる。この参加基礎点に受け入れ先評価、報告書の内容、事後学習でのプレゼンテーション等を加味し、担当教員3名で総合的に評価することになる。この年度の履修登録者は161名であったが、最終的に単位を付与された学生は63名であった。実に98名（約6割）の学生が、途中でリタイヤしたことになる。

その原因として、①希望の研修先とマッチングせず、就業体験自体を諦めた、②6限（18時10分～19時40分）という遅い時間帯であることで、アルバイトや課外活動との調整が取れず、事前学習に出席できなかった、③事前学習4回のうち1回でも欠席したことで単位認定要件から外れた、等が考えられた。本学ではインターンシップの参加条件に、“科目履修の有無に関わらず”「事前学習4回」の出席を義務づけている。病気以外の欠席は認められず、一度でも欠席すればインターンシップ自体に参加することができない。そのため、科目履修外では12名という極めて少ない参加者であった。

尾道市立大学
1946年、尾道市立女子専門学校設立（後に尾道短期大学に改称）。2001年、4年制の尾道大学開学（後に尾道市立大学に改称）。経済情報学部、芸術文化学部（日本文学科・美術学科）の特色ある構成の公立大学。

単位を付与するインターンシップでは、事前学習の出席に関して、ある程度の厳しい要件を課すのは当然であろう。しかしながら、学生が課外で参加するインターンシップにおいても、貴重な参加の機会を失っている状況を目の当たりにして、対策の必要性を強く感じたのだった。

JASSOのセミナーでの気づき

2016年度のインターンシップ参加者は75名（内2回生7名）。3回生全体の約2割の学生が参加している。当初の参加予定数より激減したとはいえ、全国的には決して少ない人数ではないことを後に知ることになる。

この年の11月に開催されたワークショップを受講した時のことだ。文部科学省から示されたデータによると、三省合意策定以前から現在に至るまで（平成8年から平成26年までの18年間）にインターンシップの単位化を行っている大学数は5倍強に増加している一

インターンシップ参加者5年間の推移

	年度	2014	2015	2016	2017	2018
全学合計（人数）		84	96	75	76	58
経済情報学部		61	66	56	47	38
芸術文化学部	日本文学科	15	17	12	23	8
	美術学科	8	13	7	6	12

方で、参加学生の割合は2.6%に留まっているとのことだった。本学では3回生の2割がインターンシップに参加している。参加人数だけを捉えると、本学におけるインターンシップの推進は順調であるかのように思えるが、決してそうだとは言えない現状があった。学生たちの成果発表や報告書の内容からは、就業体験と将来の職業選択や大学での学び（専門性）とのすり合わせが不十分な様子が見て取れた。

ワークショップに参加し、インターンシップに関する国の方針や他大学の先進的な事例を知り、参加者と情報交換を行うことで、自大学の取組を改めて客観的に振り返ることができた。そして、「1学年300人程度の規模、特色ある学部学科構成、地方大学」だからこその特長を生かしたプログラム開発やきめ細かい学生支援ができるのではとの気づきを得たのだった。

事前・事後学習の改善

着任2年目となる2017年度より、「インターンシップ」の担当教員は、日本文学科の教授と筆者の2名体制となった。前年度の学生の成果報告（報告書・発表）を振り返る中で、筆者が最も課題に感じたことは『就業体験先の選定』と『目標設定』であった。したがって、事前学習ではこの2点に焦点を絞った改善に取り組むこととした。

まず、学生たちが参加目的を明確にし、イメージや思い込みだけで安易に就業体験先を決定することがないよう、選定のポイントを具体的に示し、ディスカッションやワークを多く取り入れた授業を行った。座学中心の講義ではなく、自分で考え、調べ、周囲と意見交換をすることで視野が広がり、理解が深まることを実感させることが狙いであった。

研修先を選定した後は目標設定を行った。授業後に提出された“参加目的”と“目標”を見てみると、挨拶やマナー等の表面的な行動目標を挙げているもの、「有意義なインターンシップにしたい」など漠然とした抱負を挙げているもの、「社会や仕事について知る」など具体性に欠けるもの、など課題が多く見受けられた。そこで、次の授業でフィードバックを行い、各自の目的を果たすためにはどのような目標を設定すればよいかについて考える機会を設けた。さらに、グループ内で発表し互いに質問をすることで、相互チェックが行えるようにした。

事後学習（科目履修生のみ参加）では、全員が一人ずつ行う「発表会」（一人7分、パワーポイントを用いて資料を作成）に加え、総評と振り返りのための授業を追加して行うこととした。前年度までの事後学習は、自分が発表する回（1コマ7名程度）のみの参加であり、成績評価を受けることが主たる目的となっていた。そのため、就業経験を振り返り、今後の目標を設定するなど、各自の学びを深め、定着させるための機会を設けた。

こうして着任2年目の筆者は、実践の中で事前・事後学習の改善を試みた。しかし、後日、印刷された報告書集を開くと、

【校内発表会】就業体験先の人事担当者より講評を受ける美術学科の学生

経験の振り返り（言語化）が十分であるとはいえない現実がそこにあった。事後学習での学びが生かされていないことに、改めて気づかされたのだった。

プログラムの全面的な見直しと改変

過去２年の課題を踏まえ、2018年度はプログラムの全面的な見直しを行った。主なポイントは次の通りである。

(1) 説明会の内容を充実させる

日程や事前・事後学習の内容、単位認定要件等を具体的に示し、インターンシップ参加に対する心構えをしっかり伝える。

(2) 就業体験先の見直し

学生の専攻や志望業界・業種によりマッチした就業先を選定し、新規開拓を行う。また、「就業体験を必ず含む、社員との懇談の機会を設ける」等をプログラムに盛り込んでいただくよう要請する。

(3) 事前学習の日程と内容の見直し

４回中３回目までを前倒しにして、インターンシップ申し込み以前に（授業内容の）理解が深まるようにする。就業体験先の選定や目標設定についてフィードバック（個人面談）を行う。レジュメを改訂し、ワークシートを活用するなどして、業界・業種や職種の理解がより深まる内容にする。

(4) 事後学習の日程と内容の見直し

２回から４回に増やし内容を充実させる。（①就業体験の振り返りと報告書の指導、②一人７分程度の発表、③総括、④全体発表会）

本学のキャリア形成科目（キャリア形成入門、キャリア形成演習）については筆者が単独で授業を担当しているのだが、「インターンシップ」については、事前・事後学習を含む取組全般をキャリア開発委員会が規定に基づき運営している。したがって、先の改善案は、学内キャリア開発委員会（各学部学科の教員、キャリアサポートセンターの職員で構成）の承認を受け、授業担当の教員２名で打ち合わせを行いながら進めることとなった。実務にあたっては、筆者に委ねられていることもあり、その具体的な内容については、研修会で得られた知見を基に構築し実行していった。

「教育的効果の高いインターンシップ」とは

着任3年目となる2018年度は、事前・事後学習を含むインターンシップ制度の大幅な改変を担うこととなり、他の授業準備や（就職活動や進路に関する）学生面談を行いながらの極めてハードな日々となった。

まずは、本学学生の専攻や志望業界・業種によりマッチした就業体験先のリストを作り、1社ずつアポイントを取って訪問し受け入れを依頼した。例えば、大手印刷会社の情報システム本部を分社するかたちで発足した企業。人事担当者によると、事業規模の大きさに対して学生の認知度が低いため、（直接的ではないが）広い意味で採用に結びつくようなインターンシップを期待しているという。実際に、事前学習の業界研究の回でこの企業を取り上げたところ、経済情報学部2、3回生の認知度はゼロであり、大学開拓先でなければ学生の目が向かない企業であった。

SE（システムエンジニア）を志望するのであれば、大手企業か中小企業かということ以前に、プライムベンダー（元請け企業）か二次・三次請け企業なのか等、業界の構造や特徴を知る必要がある。新規受け入れ先との打ち合わせを重ねる一方で、学生に対しては、業界・企業研究、職種の理解が促進されるよう、また各自の選択肢や視野が広がるようにと、具体例を示しながら授業を行った。

また、この改変に当たって注力した取組の一つに「個人面談」がある。科目履修生と履修外の学生が混在する集団授業において、参加者全員の理解度を上げ、意欲を引き出すことは難しい。授業では、企業研究シートや自己理解シートなどを用いたワークやディスカッションを取り入れ、目的意識や目標設定を明確にした上で就業体験先を選択することを期待している。しかし、就業体験先の希望調査（『志望理由400字以内』を添えて提出）を行うと、「その業界に興味があるから」「扱っている商品が好きだから」「アルバイトで接客を経験しているから」といった理由を挙げるものが多く、各自の職業（企業）選択の軸がはっきりしていない様子が見て取れた。

そこで、希望調査を提出した全員にメールを配信し、個人面談を実施した。一人一人と「何のためにインターンシップに行くのか」、「なぜその業界・業種に興味があるのか」、「就業体験で何を知りたいのか」との質問を投げかけ、本人の気づきを促した。

さらに、事後学習においても、就業体験の振り返りを言語化し、学びを定着させることを目的として個人面談を実施。発表や報告書原稿の講評・フィードバックも個別に行った。その結果、各自の望ましい就業体験が実現したかとの問いに答えを出すことは難しいが、少なくとも完成した報告書の中では、単によい経験では終わらない“気づき”や“学び”を得た様子が生き生きと語られていた。

ワークショップと研修会に参加し、繰り

返し問われた「教育的効果の高いインターンシップ」。現在は、筆者なりに理解し実践している過程であり、効果の検証までには至っていない段階である。しかしながら、学生の反応や学内外の成果発表会での受け入れ先企業からの評価を受け、確実に手応えを感じている。そして、着任４年目となる本年度、本学のインターンシッププログラムは更なる改変の中にある。

おわりに

専門人材としての役割を、まだまだ十分には果たせていない筆者ではあるが、最後に現状と今後の抱負について述べたい。本年度は、本学のインターンシップ制度を大きく改変し、正課内とそれ以外のインターンシップの事前学習を分けて行うこととなった。前者はより教育的効果を高めることを、後者はインターンシップに参加する機会を増やすことを目的として。

また、昨年度から検討課題であった「効果の検証」についても、“現状確認シート”と称する評価項目を、事前・事後学習、就業体験の前後に学生に記入してもらうことで、自己の成長や課題を認識させるとともに、効果の検証を行いたいと考えている。学生たちがエンパワメントされ、自らの人生を切り開くきっかけとなるようなインターンシップを目指して、実務家教員、そして専門人材として今日も実践に向かいたい。

（初出　文部科学教育通信No.463　2019年７月８日号）

第３章

私立大学編

学長が語るインターンシップ──昭和女子大学
学生ファーストの大学を目指して
坂東 眞理子 理事長・総長

松高　政（取材・構成）

坂東眞理子　理事長・総長
1969年東京大学卒業、総理府入省。95年埼玉県副知事、98年ブリスベン総領事、01年内閣府男女共同参画局長。04年昭和女子大学・女性文化研究所長、07年学長、14年～理事長、16年～現職。著書「女性の品格」他 著者40冊以上。

少子化や受験生の女子大離れが進む中で、志願者数を飛躍的に増加させた昭和女子大学。その中心としてリーダーシップを発揮したのが坂東眞理子理事長・総長。官僚としても豊富なキャリアを持ち、大ベストセラー「女性の品格」の著者でもある。大学改革の中心に掲げたのが「キャリア教育」。かつての「良妻賢母」の教育ではなく、変化の激しい社会を女性として生き抜いていく教育。そのためにインターンシップにも力を入れている。その背景にあるお考えをうかがった。

経済界が認識を改めるべきでは

インターンシップについてもっと認識を深めなければならないのは経済界だと思っています。大学側は、人材育成の一環としてインターンシップの重要性の認識が進んでいると思います。もしかしたら、昭和女子大学など少数かもしれませんが……。研究志向の大学では、あまり重視されていませんが、私どものように教育に重点を置いている大学では、社会に出て現実に触れるインターンシップやプロジェクト活動にずいぶん力を入れています。教室の中で身につけた知識を現実の世界で応用する。学生にいつも言っているのですが、正解は一つだけではない。正解がなくても自分で見つけ何とかやっていかなければならない。このようなことを学ぶ場として、インターンシップ、プロジェクト活動はとても重要です。それがこの10年近くの間に、少なくとも昭和女子大学では、教職員の間に浸透してきました。

私は、経済同友会のメンバーでもあります。受け入れ側の企業にとって、すぐに役に立たない学生を受け入れるのは、負担も大きいし、指導する人材もいません。自社に入社するかどうかわからない学生を受け入れ、教育をするのは、それほどのメリットはないと考えている企業が多いと思います。

日本の大学は社会に出て役に立つような人材を養成していない、もっと、社会の役に立つ人材を育成して欲しい、と経済界の方々はおっしゃいます。しかし、そのためには企業も汗をかかなくてはいけません。皆さんもっと大学と協力して、学生たちを引き受けてください、と私はいつも経済界の方に申し上げています。手間はかかるだろうけれども、そうすることによって、人材は育つことを是非ご認識いただきたいと思っています。

昭和女子大学 1920 年創立。こども園から大学院まで、社会人講座やブリティッシュスクールがそろう世田谷キャンパス。6 学部 14 学科の幅広いカリキュラムを用意し、ボストンキャンパスや協定大学での留学制度が充実している。2019 年には州立テンプル大学ジャパンキャンパスが敷地内に移転する。

企業は社会的責任として、CO^2 削減、SDGs などを掲げていますが、私は、企業の社会的責任で一番大事なのは、人材の育成だと思っています。

とても残念なことですが、1day インターンシップというのは、採用のために受け入れますよ、という手段になっています。私は、オーストラリアにおりましたし、アメリカもよく知っておりますが、アメリカの大学の場合、国際関係論のコースを取っている学生は半年間くらい国際機関でインターンシップをするなど充実しています。そこでの経験は単位になります。短くて３カ月、半年、場合によっては１年間、企業は学生を引き受ける、人材育成に協力をする、というのが、アメリカやヨーロッパでは一般的です。

大学での学び、成長をもっと評価すべき

日本の企業は、メンバーシップ型と言われるように、自社のメンバーになる学生を求めています。可能性のある学生、伸びしろのある学生などと言っていますが、具体的に何ができる学生なのかはっきりしていません。企業自身も何かモヤモヤとしているのではないでしょうか。

ですから、私は残念なのです。せめて大学の成績、あるいはポートフォリオでどのような活動をしてきたのか、ということを本気で丁寧にチェックして欲しいのです。今のようなマニュアル的な就職活動ではなく、しっかりと、大学での成長を評価して

欲しいのです。

本学では、4年間しっかり学び伸ばして卒業させています。どれだけ勉強させているか、育っているかをしっかり評価してくださいと企業には要望しています。ところが、企業側はいまだに入試の偏差値を重視しているのではないかと思うのです。ほとんどの企業は、大学の成績・何を勉強したかということに期待しないで地頭のよさがわかる入試の選別だけを期待しています。

ある外資系生命保険会社ですが、本学の学生をインターンシップで3週間受け入れてくださいました。きちんとコーディネーターがついて、学生の取り組んだ業務について、社内での位置づけを理解させ、徐々にレベルの高い業務を与えていきました。振り返りをしっかりと行い、最後にプレゼンテーションして終わりました。インターンシップ指導マニュアルというものがあり、学生を成長させ、評価する体制が整っているのです。外資系の企業だからなのでしょうが、日本の企業では少ないですね。

日本の企業は、メンバーになりそうな学生に対しては丁寧に対応するけれど、よその企業に就職するかもしれない学生には、手間暇かけるのは負担で、その必要性も感じていない。そこが大きな問題だと思います。

女性としてのキャリアを築いてく教育

20世紀の昭和女子大学は、就職より“永久就職”が大事という考え方でした。自らが社会で活躍するよりも、夫を支え、子供を育て家庭を守る。いわゆる良妻賢母を育てるよう女性が社会から求められていたからです。

私が学長になってからは、そうではないよね、大学で学んだことは、家庭の中だけではなく、社会の価値に結び付けないといけない、と繰り返し言ってきました。女性として、人生の中でキャリアをどのように位置づけるか、とても大事なことです。就職ではなく、キャリアだと、口を酸っぱく言ってきました。良妻賢母教育に注力してきた女子大だから、マインドセットを変えることが重要だったのです。そこで、本学の教育改革の柱に「キャリア教育」を掲げたのです。

まず、三つのポリシー（AP・CP・DP）以外に、キャリアデザイン・ポリシーを大学、学部・学科で作りました。各学科からキャリア支援委員を選んでもらい、その教

員が中心となりキャリアデザイン・ポリシーを構築してもらったのです。自分たちの学科ではどのような仕事に就く、どうようなキャリアを求める人材を育てるのかについて学科長・教員で2年ほどディスカッションを重ねて作り上げました。はじめは抽象的な美しい言葉が並びましたが、より現実的なものにしてもらいました。

また、本学は、学生と教員の距離が近いと思います。私がこの大学に来たとき、とても丁寧に学生一人ひとりに教員が指導するのを見て、すばらしいと感じました。しかし、行儀や挨拶といった生活の指導が中心だったのです。これを、キャリア教育として上手く変えていったのです。元々、学生と教員の距離が近いという習慣、土台がなければ、いきなり学生と教員の距離を縮めるのは難しいと思います。

大学教員に求められているのは教育力

教育に関して言えば、教員は、自分は研究者でありたいと望んでいらっしゃる。でも、現実は、教育者であることが期待されています。ぜひ両立していただくようにお願いしています。

私はアメリカを例にいつも言うのですが、例えばメールアドレスです。ハーバードも、イェールもスタンフォードも、メールアドレスの@（アットマーク）以下が、ドット edu（.edu）なのです。エデュケーション、教育なのです。ところが、本学も含めて日本の大学はドット ac で、アカデミア（academia）学問、研究になっているのです。教育機関ではありません。ハーバードの人たちは、学期中はもう本当に学生の指導に力を入れています。自分の時間の 8、9 割は教育に費やしています。自分の研究は休みの時、あるいはサバティカル（長期休暇制度）に行うのです。だから、サバティカルが必要だと言います。

日本の大学の場合、新しい教員を採用する時、業績というのは、論文の数ですよね。査読付き論文がどれだけありますということをもって、教員の力量と見なします。しかし、どれだけの教育的な実践をしてきたのかという教育力は、そもそも測る基準や目安がありません。教員の教育力をどのように客観的に測るのか、研究だけではなく、教育力の優れた教員が高く評価される仕組みがこれからの日本の大学には求められていくと思います。

学生を育成する新たなプロジェクト

2019 年の秋に米国ペンシルバニア州立テンプル大学の日本校が本学のキャンパスに全面移転してきます。学習面、生活面で本学の学生と日常的で多様な交流が生まれるはずです。

テンプル大学の日本校は、フィラデルフィアの本校と全く同じレベルの教育を 35 年間、日本で実施し続けている唯一の米国州立大学です。もちろん授業は全て英語で、学生の半分近くがアメリカ人です。従って、アメリカの大学で行われているように、テンプル大学の非常に多くの学生は外資系企業に長期間インターンシップに行っています。本学の学生も、その中に入れてもらいたいのですが、語学の問題もあり、今はなかなか難しい状況です。しかし、将来的には、同じように行かせたいと思っています。世界に通用しないガラパゴス化した大学ではなく、海外の教育現場の実践知を積極的に取り入れ、学生の教育に活かしていきます。

忍耐強く続けていき、成果を出す

学長、そして総長として、これまで多くのことに取り組んできました。どのような組織でも、トップの一声で大きな変革などできません。本学も同じで、女性が社会進出する、キャリアを開拓していくことに理解を示さない、つまり変わりたくないという教職員もいました。もう時効だから笑い話で許されると思いますが、公務員から大学へ来たとき、教員の人たちは上司の言うことを聞かない、聞こうという気持ちもないし、そもそも上司だなんて思ってない、という様子に正直驚きました（笑）。業務の指示を断るのですから。

だからこそ、まずは大学教職員自らの意識を変えていかなくては、学生を育成できるはずがないと思ったのです。しかし、全ての人の気持ちを変えることなんてできません。私が学長になったとき、まずは協力してくださる方からはじめようと思いました。最初は1、2割でした。5、6割の人たちは様子見です。全く動いてもらえない人たちが1、2割いました。そのうち、少しずつ様子見の人たちが協力してくださるようになってきました。就職できずに悔しい思いをしている学生を見ると、教員もそれなりに心を痛めているのです。インターンシップやプロジェクト活動を通して学生が成長をした姿を見ると、教員の認識も変わってくるのです。

何かを変えようとするには、端の方から少しずつ核心に迫っていくことが大事だと思います。リーダーの役割とはそういうことだと思っています。「過去にとらわれない、ドラスティックな改革」と威勢のいい言葉を発してもなかなか人はついてきてくれません。良いと思う方向へ組織を導き、成果を出していく。それを信じて忍耐強く続けるしかありません。それが私のやり方です。その努力が今の結果につながったのです。

先ほども申し上げたように、大学4年間しっかりと学生に勉強させ、女性として人生を生き抜いていく力をつけて社会に送り出す大学を目指しています。18歳人口が減少し、東京23区内の大学定員抑制策が打ち出される中で、どのように特色を出していくのか問われています。大学、特に女子大を取り巻く環境は厳しくなっていきますが、これからも、学生ファーストの大学を目指していきます。

（初出　文部科学教育通信No.462　2019年6月24日号）

インタビューを終えて

今回の取材に際し、『女性の品格』を読み直した。あとがきに、このように書かれている。「一人一人の個人を野放しにしておいて、『自分の個性を発揮してください』というのは無責任です。小学校から大学まであらゆる教育機関は、一人一人の個性や才能を引き出し伸ばし発揮させなければなりませんが、個性を発揮するその前提となるのは基礎力です。……一番重要なのは人間としての基礎力をもつことです。……人間としての基礎力とは何でしょうか。自分の行動や生き方の芯になる信念をもつことです。」

この本が出版されたのは2006年。2004年はキャリア教育元年と言われている。キャリア教育という言葉がようやく知られ、議論が始まったばかりの頃に、すでに坂東さんは、その本質をついていた。

インタビューでは、担当部署の教職員は同席せず、坂東さんお一人。しかも、全くと言っていいほど資料もメモもご覧にならず、お話になる。まさに「自分の行動や生き方の芯になる信念」をお持ちだからであろう。大学教育、企業の現状、人材育成、リーダーシップ……等、深い問題意識からくる持論。その言葉には熱い想いと説得力がある。「さすが」の一言であった。

本シリーズの第１回でも書いた「結局、学長などのトップが理解してくれないとやはり限界がある……」というインターンシップ専門人材からよく聞かれる嘆き。大学のトップに坂東さんのような方が就いていらっしゃることに、多くの専門人材は励まされるだろう。

学長が語るインターンシップ――九州産業大学「基盤教育」が人を育てるインターンシップ

榊 泰輔 学長

岩﨑　憲一郎（取材・構成）

榊　泰輔　学長
福岡市出身、1960年11月5日生まれ。九州大学理学部卒業後、現㈱安川電機に入社。95年5月、東京大学大学院工学博士号を取得し、2003年9月に九州産業大学工学部機械工学科教授。2018年4月から学長に就任。専門はロボット工学。

本学のインターンシップ教育への取組と人材育成

本学では、産業と大学が車の両輪のように一体となって時代の要請に応える「産学一如」という建学の理念・理想があり、近年の目まぐるしい社会の変化に適用できる人材育成に力点をおいて取り組んできたところです。現在、本学は、九州地域では大規模な総合大学として、産業界からも高い評価をいただいています。

インターンシップに関して言えば、大学教育の中に入れて考えていくに当たって、**表**のように、国の施策等を見据えながら、大学独自でこれまで進めてきました。

表の一番左にある2011年の「全学共通プログラムの導入」を機に、キャリア教育に力を入れています。これは1年次から概ね必修科目として、全員が履修し、就職意識を高めて自分磨きの場となっています。もちろん、本格的な就活を迎える3年次に、もう一度、行いますが、ここでは、1年次のキャリア教育と比べ、就職の意識を高めて、「世の中の動きはどうか」「どんな生き方をすべきか」などの議論する場により、学士課程教育の中で、生涯を通じた持続的な就業力を養成していくため、さまざまなキャリア科目を組み込んでおります。その効果としては、これをやり始めてから卒業時の内定率がずっと上がってきているところです。

また、それに合わせ、実践力を補う取組として、「KSUプロジェクト型教育の導入」があります。これは、以前は、学部のプロジェクトを課外活動として実施していましたが、それを全学で考え方を統一し、PBL、ALを通じた目標設定を位置付け、2013年

表

九州産業大学が考えるインターンシップ

国の施策・大学に求める人材育成教育

大学教育改革元年	インターンシップ元年	認証評価制度導入	我が国の高等教育機関の将来像
大学設置基準の大綱化≪1991年≫	三省合意≪1997年≫	教育の質保証体制の確立≪2004年≫	高等教育機関の機能的分化≪2005年≫
大学を取り巻く環境が大きく変化	文部省、通商産業省、労働省の三省で合意	自己点検・自己評価	3つのポリシーの明確化
社会のグローバル化 情報化 高等教育のユニバーサル化	【定義】学生が在学中に自らの専攻、将来のキャリアに関連した就業体験	高等教育機関として基本的な要件を備えているか、組織的な点検を自らが行い、それを認証評価機関が確認	ディプロマポリシー カリキュラムポリシー アドミッションポリシー

学士課程教育の構築（中教審）≪2008年≫

本学が実施している人材育成教育

キャリア教育の導入	KSUプロジェクト型教育の導入	KSU基盤教育の導入	多様なインターンシップメニューを準備
全学共通プログラム導入≪2011年≫	≪2013年≫	≪2014年≫	≪2010年～≫
1年次から就職活動の準備	PBL、ALの推進	社会人の土台を培う独自教育	キャリア観や社会人基礎力の醸成
1年次から就職意識を高め、採用試験に備えて自分磨き	能動的に学び続ける学生を育成	社会人として求められる深い教養、日常的な英会話教育などを身につけた学生を育成	海外ジョブトレ、国内ジョブトレ、企業や官公庁での長期インターンシップ 商学部、地域共創学部全員参加

からスタートしています。「KSU プロジェクト型教育」は、大学で４年間学修するうえで、「基盤（土台）」を育てるための教育プログラムで、全学共通の「教養教育」「実用的な英語教育」「学部の入門的教育」から構成され、「キク（K）・シル（S）・ウゴク（U）」を合い言葉に、個々の専門分野を超えた他学部との連携、あるいは、民間企業や地域の商店などと様々な取組を体験しながら、実社会という現場での行動を通じて、現代を生き抜くための「実践力」「共創力」「統率力」を身に付けるものです。これは、学生に能動的に学び続けさせようということが目的です。

これらの実践力を身に付けると、次には、「教養教育」が重要になってくることから、2014 年から、「KSU 基盤教育」を導入しています。これは１年次、２年次を対象とした教養教育に相当するもので、学部の専門科目の中で、1、２年次の入門的・基礎的科目などで構成され、全員・入学後２年間・全学共通で学ぶことにより、知識の「基盤（土台）」を培い、困難な壁に直面しても諦めない「しなやかな強さ」を持った学生の育成を目的としています。これらの変遷により就職への意識が高まっていき、学生の能動性、自主性が培われていく中で、「インターンシップ」を教育として進めています。

本学でのインターンシップには、三種類

九州産業大学　福岡市に位置する学生数１万人以上の西日本有数の総合大学。文系・理系・芸術系の９学部、造形短期大学部、大学院５研究科を有する。基礎学力を培う「KSU 基盤教育」、実学を重視した産学連携の「KSU プロジェクト型教育」を推進している。

の意味があります。一つ目はキャリア支援センターが主催して行うもので、これは低学年からも参加できますが、主に3年生が参加している5日間程度のインターンシップです。

二つ目は、語学センターが主催のプログラムで、表中には「海外ジョブトレ」「国内ジョブトレ」と記載しています。20名程度と少人数で、TOEIC スコアの高いトップクラスの学生を対象としています。内容としては、海外での語学研修に加え、海外企業でのインターンシップが構築されており、国内では、外国人講師との英語合宿に加え国際的な業務に関わっている国内企業でのインターンシップを行っています。

三つ目は、商学部、地域共創学部が全員参加と記載していますが、これは学部独自のインターンシップです。例えば、地域共創学部であれば、2年次以降で「観光インターンシップ」が開設され、対象学生150人が必修科目で、有給で3カ月間のフルタイムで1日8時間程度になっており、それで24日以上の長期の研修で就業体験を行うというプログラムです。準備段階として、経営学や観光学入門といった科目では、様々な分野の経営者の方を呼んで、「九州おもてなし実践論」等の授業を行うほか、インターンシップの事前・事後には研修会を行っています。一方、商学部では、500人全員を対象としているため、当該学部の教員全員が受入企業の開拓に当たっています。

インターンシップに関する考え方として、企業等との協力・連携が大事であると感じています。企業における人材育成は、私も民間にいた人間なので、よく分かっているつもりですが、一旦、社会に出るとどんな仕事が待っているか分からないことが多いので、どういう仕事に対しても熱意を持って取り組めば、学校で勉強したことは必ず役に立つということ、また、企業等の組織ではチームワークが大切ですし、いろいろな場面でお叱りを受けることもあります。そういう職場での体験がインターンシップにおける「学び」であることを学生には気付いてほしいと思っています。

大学のガバナンスと若手教員とのコミュニケーション

学長に就任して、学内の統制面で感じていることは、「一番大事なのは学長が考えていることを周知すること」ではないかと思います。

もう一つは現場に行くことだと思います。例えば、大学院で非常に難しい問題が生じたとき、反発は大きいかもしれませんが、やはり直接大学院研究科を回ってみて、「こういう改革をやりたいのだが、どうか」と言うと、その場で様々な意見が返ってくる。このようなやり取りから、若手の方々との意思疎通を図り、学長からのメッセージを発信することで、結果的に双方の課題解決へつながることにもなります。トップダウンでの指示だけよりも、学長自ら動くことで、様々な周知に役立つものとして、ガバナンスには効果的な手法と認識しています。

また、学部長については、選挙によらず学長指名により決定できるように制度が変わりました。大部分の役職者は、私が原案を作成して指名をし、理事会の承認を得て決定しています。まだ、一部の役職者からは、自分たちの裁量でできることですら、どうしたらいいでしょうかと問い合わせてくることがあるので、このあたりは、もう少し自覚をしていただきたいと思っています。

それから、若手の教員との対話を大切にしたいと考えています。どちらかというと若手の方が、前向きな意見を持たれる方が多いですね。

そういったこともあり、研修制度についても、若手職員から海外の大学に出す方向に変えています。

大学教育・研究から本学の学びへのシフト

大学という機関は、研究を重視する大学が当然あってしかるべきですが、研究重視の大学で求められる「優秀さ」と、われわれが考えているものとはベクトルが違います。本学はどちらかというと、「一つの専門を極めトップになる人材」よりも、「何にでも対応できる非常にユニバーサルな人材」を社会に輩出していきたいと思っています。

私がエンジニアだったとき、新たな製品開発にあたり、デザイナーという職種の人に初めて相対して大変驚きました。最初の出会いのときに、彼らは、私が話したことを全てその場で十数枚くらいの絵にして描いてくれたのです。そのときの経験から、非常に目が開かれた思いがしてデザインという分野に関心を持ちました。

それから本学に移ると、私の所属する工学部の隣が芸術学部であったため、デザイナーの先生と今度何か一緒にやりましょうか、みたいな話になって、それをきっかけに、合同授業を行ったり、機械系の学会のコンテストに共同で参加したりすることを通して、考え方の違う人との対話が面白いと思い始めました。工学部と芸術学部のコラボだけではもったいないという思いで、今度は経営学部も巻き込んで輪を広げていく中で思ったことは、これは一つの会社組織と同じではないかということです。マーケッターがいて、企画屋さんがいて、デザイナーがいて、エンジニアがいる。これは企業そのものではないかという感じになり、このようなことを社会に出る前に、大学で学んでおけば、すんなり社会人になれるのではないかと感じました。

今の「プロジェクト型教育」というのは、このような考え方をきっかけにスタートし、発展させてきましたが、教員には、もっと幅を広げて、隣の領域が何をしているのかにも関心を持っていただきたい。

自分と全く違う分野の先生と対話をすると、自分の研究に対するフィードバックがあると思います。発想が違い、ヒントや気付きがあると思います。そういった教員同士の化学反応を起こすことが本学の目指すべきことなのかもしれません。

本学が考えるインターンシップ教育

インターンシップの実情と、今後、目指していくものとを分けて考えたほうがいいと思います。本学のキャリア担当の教員ですら、インターンシップと言えば、就活ツールとして捉えられることも少なくありません。一般には、就業体験が含まれない企業説明会であってもインターンシップと呼称されることが多いので、やむを得ないことかもしれません。学生には、そういうケースは就職説明会と割り切って就活の場の一つとして臨んでもらっています。

しかしながら、本学としては、「教育としてのインターンシップ」を１年次から取り入れています。早期から就業体験を行うことで、企業を知り、自分自身を知ることができ、ミスマッチを防ぎ、将来の仕事への定着率向上につなげるとともに、100％の就職率を目標としています。

そのためには、学生をいかにして鍛えあげ、人間力を磨き、社会人として必要となる自主性、能動性等を身に付けさせるかが大切です。

本学のインターンシップ教育は、教育を通じて学びによって鍛え上げられた学生を、就活させる。つまり、「しっかり教育してから就活させる」といった方針で考えています。

(初出　文部科学教育通信 No.465　2019年8月12日号)

インタビューを終えて

このたびのインタビューでは、榊先生のご発言から、常に大学全体を鳥瞰しながら、思い立ったこと、気付いたことを適時、能動的に実行されていることを伺い知ることができました。この行動力は、民間でのご経験もあろうかと思いますが、これからの大学を先駆的に変革していく強い意志と自信によるものと感じられました。

一般に、複数の学部・研究科を設けている大学では、取組の進んでいる学部とそうでないところがあって、なかなか全学一斉での取組というわけにはいかない傾向にあります。また、インターンシップについては、学内ネットワークのコアとなる部分が「人材」と言われているように、その中軸となるコーディネーター（専門人材）が学部の担当教員とともに、教務部との連携が教育プログラムを運営していく役割を果たすためには大事なことであり、それと同時に今後の課題にもなっている印象がありました。

一時的に志願者が大幅に減少するなど大学として危機的な時期があったようですが、当時の経営層の改革によるものやキャリア教育、基盤教育等のプロジェクトを含めた取組により、乗り越えてこられたようです。今後の大学運営には、少子化等による影響なども懸念されていくとは思いますが、大学として志願者を増やすことも含め、学生のレベルアップ、自己成長ができる学修環境の整備とその学生を成長させて社会へ送り出すことの大切さなどについて、榊学長から自らの思いを語っていただきましたことに、感謝を申し上げます。九州産業大学のキャリア教育や基盤教育の取組の考え方や概念が、これからの学内での見直しなどを進められる他の大学等の皆さまにとって大学改革のきっかけとなり、教育的効果の高いインターンシップの推進につながることを願っています。

学長が語るインターンシップ──明治大学
リベラルアーツとしてのインターンシップへの展望

土屋 恵一郎 学長

川島　啓二（取材・構成）

土屋恵一郎　学長
1946年、東京都生まれ。
明治大学法学部卒業、同大学院法学研究科博士課程単位修得満期退学。
2016年4月より学長。専門分野は「法哲学」。
2018年4月より日本私立大学団体連合会就職問題委員会委員に就任し、さらに文部科学省就職問題懇談会副座長も務めている。

本学はインターンシップに参加する学生が多く、受入企業も多いのですが、先端的なことにきちんとマッチしているかというと、できているとは言えないと思います。大学自身がどういうインターンシップを実施し、どういう人材を育成するのかということを、きちんとメッセージとして発信するまでに至っていないのです。ただ、本学は東京にあり学生数も多いので、就職率も高く企業も集まります。そのボリュームだけで勝負をしていて、内容では勝負をしていないということを、非常に強く感じています。

地方の大学が持つ
インターンシップのビジョン

インターンシップについては、大都市の大規模大学より地方大学のほうが、はるかに明確なビジョンを持って実施されています。

本学に明確なビジョンがないことはとても大きな課題だと思います。ボリュームだけはあっても、実質的な内容をきちんとつくり出していない点は、反省しないといけないと思っています。

昨年から文部科学省がインターンシップ表彰を始め、私はその選考委員長を務めています。選考の際に各大学の提出資料を拝読し、第1回最優秀賞の山形大学をはじめ地方大学のほうが、地域社会と連携して地域振興をどうするのかというコミュニティの理念を体現していると感じました。

例えば山形大学では、山形の中小企業の企業連合体と連携し、目標が非常にはっきりしており、しかもみなさんそこに住んでいるので、コミュニティとしても連携しやすいのです。ところが、東京の場合には、まさに世界企業なので、さて、コミュニティはどこにあるのかというと、全世界というように茫漠としてしまいます。企業側もインターンシップを、ある意味では青田買いや囲い込んでいくための手段としてしまいます。大都市の大規模大学がどうやってインターンシップの理念をつくっていくのか、というのが問われる時代だと思います。

ネットワークが組み替えられる中小企業とインターンシップ

中小企業は、インターンシップを受け入れる余力がないのでとても困っている、という話をよく聞きます。ところが、地方によっては前述の地域コミュニティがあるので、中小企業と大学との連携が非常にうまくいっているところもあります。

以前、私は日本商工会議所（以下「日商」）の担当者とネットワークの組み換えについて次のような話をしたことがあります。今は日本の大企業の下にいても、いずれはネットワークの組み換えの中で、違うマーケット、アジアあるいは世界の中小企業へ、例えば、中国の企業の下請けになるなど、日本における中小企業の位置付けがシフトしていくかもしれない。そのときには、そこで採用する人材も当然変わってくるし、学生自身の意識も変わってきていると思う。

『鶏口となるも牛後となるなかれ』という諺があります。これからはその時代だと思います。大企業の中にいるよりは、中小企業の中であっても鶏口として世界を相手に働いたほうが面白いという時代になると思います。アジアや世界のマーケットを意識して、中小企業に入ってきた人材をどのように育成していくか、昔からの諺をもって、学生にきちんと伝えていく必要があると思います。

例えば、日商と組んで、中小企業のインターンシップを大学と連携して責任を持ってプログラムを構築することも考えています。それは新しいベンチャー、起業家の育成につながります。大企業に入りそこで働くのではなく、中小企業に入り自ら起業していくという学生の意識を、インターンシップでどのように培っていくかがこれからの大学の課題だと思います。

インターンシップで学生に起業家精神の魂を

地方大学が一所懸命に取り組んでいることを大都市の大学もやらなければならないと思います。今後は、学生の価値観や企業の序列に変動などが起こっていくと思います。それを引っ張っていく、起業家精神を持った学生が中小企業に入る時代がたぶん来ると思いますし、もう来ているかもしれません。それを大学も、連携しながらやっていくことが必要かと思います。

それには、もっと内側に魂を入れなければなりません。私はインターンシップで学生にも魂を入れなければならないと思います。『鶏口となるも牛後となるなかれ』という起業家精神を、学生の中にどのように培っていくかということです。

これからは、企業マーケットそのものを組み替えていくようなインターンシップをやらなければならないと思います。その時々の産業界の動きにただ対応するだけのインターンシップでは先がないと思います。松下幸之助さん、井深大さんをはじめとした日本人にかつてあったはずの起業家精神を、学生が持てるようなインターンシップ、これをどう構築していくのかということが、これからのインターンシップの課題です。

日本企業がアジアならアジアというマーケットの中でどういう仕事をしているかということを学生が現場できちんと嗅ぎとれるようなインターンシップが必要だと思います。それはすでに中小企業にも求められてきており、企業の序列変動にともない、起業家精神を持った新しい人材が必要とされてきていると思います。

リベラルアーツとしてのインターンシップ

日本の私立大学は実学教育から始まっています。官学、国立大学の官制の学問に対して実学から始まりました。まず実際の役に立つ学問である法律や経済から始まり、そこから文学などにも広がりました。

以前よりインターンシップは職業教育と考えられていましたが、私はある時それは違う、教養教育だと思いました。現在のインターンシップは一つの教養教育、リベラルアーツだと思います。これからは、リベラルアーツとしてのインターンシップをやらなければならないと思います。社会とは何か、世界とは何かということを知るための一つの方法としてインターンシップがある、これは明らかにリベラルアーツ、教養教育であると思います。

現在は、社会について実学として知るための方法がインターンシップなのだと思います。地域を知り、コミュニティを知ることにより成功しているインターンシップは、まさにリベラルアーツになっています。

ところが、本学のような大都市の大規模大学のインターンシップの内容はリベラルアーツになっているか、世界についてコミュニティについて知る内容になっているかと振り返ると、なっていないと思います。単に一つの企業に入ってどういう仕事がありますか、というインターンシップを、どのようなリベラルアーツに転換するかが課題です。

リードオフマンとしての大学の役割

学生の関心は就職にあります。大学には就職活動を支援するためのキャリアセンターがあり、いろいろなアイデアがあり、うまく採用につなげている中で、インターンシップにどう取り組むか、教養教育やリベラルアーツとしてのインターンシップにどう転換できるのかということをリードしていかなければなりません。

　今この転換期に、それは日本経済団体連合会（以下「経団連」）の中西会長の発言が契機になったのかもしれませんが、採用と大学教育の未来に関する産学協議会（以下「産学協議会」）において、新卒一括採用について、初めて経団連と大学が取り組み、今はなんとか大学側が押し返している状況です。こんなことは今までなかったと思います。これまでは大学側が押し返す力を持たなかったので、長年押されっぱなしでした。私としては、なんとか押し返したい、押し返して土俵の中央まで持っていく鍵はインターンシップになると思います。大学がきちんと責任を持ってインターンシップをやることです。

明治大学　10学部および大学院16研究科があり、さらには付属高等学校・中学校をも擁するわが国屈指の総合大学です。『権利自由』『独立自治』を建学の基本理念として、教育研究力の質的飛躍を促進し、日本国内のみならず世界で貢献できる人材を育成します。

　私は大企業向けよりは中小企業向けのインターンシップに力を入れたいと考えています。東京や大阪の大都市でも、中小企業はコミュニティを持っています。世界の企業序列変動の中で、一番大きな影響を受けるのは、実は中小企業です。その中小企業のインターンシップをどう構築していくのか。それが、これからの各大学の課題であり、そこにリードオフマンとしての大学の役割があると思います。

海外留学とインターンシップ

　私が教務理事のときに、最初は海外留学として出された案件がありました。内容を見ると海外インターンシップでしたので、海外留学から海外インターンシップに切り

＊明治大学国際日本学部が実施している、ウォルトディズニーワールド提携のアカデミック・インターンシップ。有給インターンシップで期間は6カ月。フロリダ州立大学へ半期の留学という形で、そこでの授業としてのインターンシップをディズニーワールドで行う。40名定員に対して、毎年多くの応募がある。国際日本学部への志望動機として挙げる受験生も多い。大きな財産として、参加した学生は、その後の学生活動も活発となる傾向が挙げられる。その他、ハワイ大学マノア校アカデミック・インターンシップ（1カ月の語学研修の後、約4カ月間ハワイ大学マノア校で正規の授業を履修。その後、約3カ月間のインターンシップ。）、ハワイ大学カピオラニコミュニティカレッジアカデミック・インターンシップ（授業履修と並行して6カ月間のインターンシップ。最初の1カ月はオリエンテーションや授業履修のみ。）などのプログラムがある。明治大学全体のインターンシッププログラムとしては、学部をこえた「ALL MEIJI」（5日間の短期インターンシップ）などもある。

替えました。現在はフロリダ州立大学が請け負うディズニーランドで有給インターンシップ*を行っています。このことからも、私はこれから海外インターンシップと海外留学との、区分けがだんだんつかなくなる時代が来るかもしれないと思います。また、海外留学した先でインターンシップがどうできるかも含めて、留学先と交渉していくことも重要かと思います。

大学院のインターンシップ

日本の私立大学の大学院が、日本の企業に入る人材をきちんと育成しているのかというと、確かにいろいろ疑問があります。日本の大学院は今まで研究者養成中心でしたので、そこだけに焦点が合っており、日本の企業が何を求めているかということを共有していませんでした。

これからは、特に大学院人材として企業から人材を持ってくるべきだと思います。それにより企業と大学院との連携を深めることができます。理工系はかなり大学院へ進学しています。文系も大学院に進学した上で、文系人材が大学院から企業にどう入っていくのかというところで、大学院でもインターンシップは必要、むしろやらなければならないと思います。それには企業にも大学院の中に入ってきてもらい、連携してインターンシップのカリキュラムを組むことが重要です。

文系の学生も大学院に進学すれば、大学院レベルで起業家精神が培われる、世界の先進的な知識にもう一度触れ直す、そういう大学院インターンシップが重要だと思います。

企業と大学のブロックチェーン

前述を実施して分かったことですが、孤立した大学像では大変難しいので、他大学とも連携が必要だと思います。ところが、大学によっては学部ごとに分裂し、自分の学部さえよければいいという風潮が学内連携の妨げとなっています。そのような状況では他の大学・企業との連携もうまくいかず、このままでは先がないと思います。

今、中央教育審議会では、学部を越えた教育課程を認めるという話が出ていますが、学部を越えた教育のプロセスを作っていかないと、大学は先がないと思います。

私は、大学間にブロックチェーン的な横のつながりができ、教員・学生ともに二重帰属する時代が来ると思います。そこへ向かっていく段階で、インターンシップは、企業と大学がブロックチェーンを組み、相互に人材教育に協力する時代になると思います。そうならないと日本企業には国際的な力がつかないと思います。それには、企業側が大学の教育に対する認識を新たにしないと先がないと思います。今回の産学協議会で企業側の認識が変わってきたことはよい転機になると思います。

(初出　文部科学教育通信 No.470　2019年10月28日号)

インタビューを終えて

土屋学長は、就職問題やインターンシップに関わる、国や各種団体の要職に数多く就かれており、インターンシップ問題の展開に重要なリーダーシップを発揮しておられるキーパーソンである。

熱く語られていたのが、インターンシップは仕事というものを覚えるための職業現場での単なる体験ではないし、ましてや採用のための手段ではない。仕事の向こう側にある世界の中での自分を問うリベラルアーツでなければならないということ。

大学教育改革全体の中でのインターンシップの再定位が問われる今日、ぶれない軸でこの問題に向き合っておられる姿勢には共感と頼もしさを覚えた。そのような本来的なインターンシップの在り方から見た明治大学の（ご自身は必ずしも満足しておられない）現状についても率直に、広く大局的な観点から語って下さった。

ご専門は法哲学であるが、実は「能」の著名な研究者でもある。就職問題、インターンシップ、キャリア教育といった変動著しい領域にあって、複眼的でありながら本質を見据えた眼でどのような手綱さばきを発揮して下さるのか、今後とも注目させていただきたいところである。

インターンシップ専門人材実践レポート――岐阜協立大学

学生と企業が共にメリットを実感できる事業へ

田部　良司

田部　良司（たなべ　りょうじ）
岐阜協立大学キャリア支援課主査。民間企業で人事等管理部門の業務と、労働局で就職支援業務を経て現職。キャリアコンサルティング技能士とファイナンシャルプランナーの資格を活かしたキャリア支援に携わっている。

はじめに

大学等の事務職員であれば、インターンシップの実務担当者になると、携わる範囲と分野が多岐にわたり、業務量の多さに誰しも不安を抱くのではないかと思う。地方私立大学のキャリア支援課に在籍する私が、前任者から担当を引き継いだのは、5年前。採用広報解禁時期変更などの影響から、就労体験型のインターンシップと、会社説明型のワンデーインターンシップが混在し始めた時期だった。

今回は、インターンシップ担当者として知識や経験がなかった私が、右往左往しながらも独立行政法人日本学生支援機構（JASSO）や一般社団法人産学協働人材育成コンソーシアム（CIAC）などでのセミナーや研修を経て、「岐阜協立大学インターンシップ推進協議会」の事務局としての活動と、学生と企業が共にメリットを感じ、成長することが実感できる「共育型インターンシップ事業」の実践に取り組んでいる事例を紹介する。

JASSOのセミナーでの気づき

業務を引き継いだ5年前、1週間程度のインターンシップを受けた学生は38人と非常に少ない状況にあった。1学年350人定員のうち約11％の結果である。まず取り組んだのはインターンシップを受ける学生の実数の向上。学内で様々なツールを用いた周知活動を実施し、学生のインターンシップへの関心の高まりや、先輩から後輩への勧奨の効果もあり、3年後には78人と約2倍に増加した。しかし、インターンシップを受ける学生が多くなるだけではダメだということを知る瞬間が訪れる。2017年度のJASSOが主催する「インターンシップ等専門人材ワークショップ」（以下、ワークショップ）を受講した折のことだった。このワークショップでは、文部科学省から

“学生の教育の質を高めるために、インターンシップを充実させなさい”という指針が提示された。指針において私なりに理解した要旨は以下のとおり。

1　大学等の関与をより一層求めていくことが必要
2　インターンシップを大学等における教育活動の一環として明確に捉えることが必要
3　専門人材を育成・配置する
4　大学と地域の企業・経済団体がチームとしてインターンシップを推進できる体制を整備
5　産学官の協働により設置される協議会の充実（協働推進とネットワークの拡充）
6　届出や表彰制度の導入（モデルプログラムの普及）
7　多様なインターンシップの推進（地方創生・留学生・障害学生）
8　より多くの中小企業でインターンシップが実施できる環境を整備し、学生の目を中小企業に向けさせることが重要
9　中小企業の情報や魅力の発信としてインターンシップを活用

この指針を目の当たりにして、本学で運用しているインターンシップ事業において未充足の項目が多く、事業の改革が必要であることを痛感した。

大学のリソースを活かした「岐阜協立大学インターンシップ推進協議会」の設立

折しも、学内では専門教育に加え、豊かな人間性を涵養する教養教育と学生自身のキャリアを拓くための就職支援教育を有機的に総合させた教育を展開し、教育理念の一つである「キャリア形成教育（キャリアを拓く）」を大学のもつリソースを活用しながら具現化する機運が高まり、大学単体で「岐阜協立大学インターンシップ推進協議会」を設立することとなった。

この協議会では、大学のキャリア教育で行われるインターンシップのプログラムや評価基準の作成について協議し、大学のキャリア教育についての情報交換などを実施する。

協議会の構成員は、学内においては学長の指名する副学長と学部長、そして教務課、学生課、キャリア支援課の部長職が参加し、学外においては、岐阜県、大垣市などの官公庁のほか、西濃運輸㈱、㈱大垣共立銀行、イビデン㈱など、学校法人の役員を務める企業の方に参加いただいている。

この協議会で推進するインターンシップに係る事業を企図する上で、先に挙げた文部科学省の「インターンシップの更なる充実に向けた指針」は大変参考になった。

岐阜協立大学
1967年、地元自治体、産業界、教育界の支援を受けて、岐阜県下初の社会科学系大学として設立。経済学部、経営学部に加え、2019年4月より看護学部を開設するとともに大学名称を岐阜経済大学から「岐阜協立大学」に変更した。

4つのプログラムの策定と事業スキームの構築

岐阜協立大学インターンシップ推進協議会の設立に際し、インターンシップ専門人材として最初に取り組んだのはインターンシップ・プログラムの策定であった。現在、以下四つのプログラム体系を掲げて運用している。

1　ジョブシャドウイング（1年次生対象のワンデーインターンシップ）
2　短期インターンシップ（1～2週間の一般的なプログラム）
3　ビジネス研修型海外インターンシップ（企業の海外拠点で1週間程度のビジネス研修を受けるプログラム）
4　中・長期インターンシップ（1カ月～6カ月程度のプログラム）

ジョブシャドウイングは、JASSOのワークショップで、ワンデーインターンシップを企業採用活動の一環という悪い捉え方をするばかりでなく、大学若年層向けの教育プログラムに昇華させるというアイデアから着想を得たプログラムである。しかしながら、運用や事前事後の教育方法についてノウハウがなかったため、ワークショップで知り合った人的ネットワークを頼って先進事例を持つ静岡大学にうかがい直接助言を仰いだ。

海外でのインターンシップや、中・長期インターンシップについても、ノウハウの獲得のため、先進事例を持つ京都産業大学など他大学へアポイントをとり、カリキュラムからリスクヘッジに至るまでの情報を教示いただいた。どの大学も、非常に丁寧にご対応いただき、貴重な情報をいただくことができて感謝している。足で稼いだ情報が、現在のプログラムに活かされている。

プログラム策定の次に取り組んだのは事業スキームの構築である。**図1**に事業スキームを表している。特に時間をかけたのは、商工会議所や中小企業家同友会などの経済団体と、ハローワークなどの国の機関に直接うかがい、事業案を説明しながら連携協力の了解をいただくことだった。

事前教育・事後教育の改変

本学の就職状況は、地元就職率と中小企業への就職率が高く、例えば岐阜県出身学生の78％が地元で就職している。規模別の就職率では3人のうち2人が中小企業や団体に就職している。（2017年3月卒）これは、本学の教育目的である「地域に有為の人材を養成する」を体現する結果とも言えるかもしれないが、就職活動する学生のよくあるパターンとして、進路選択に対し、知的成長が未熟なまま活動を開始する課題が見えてきた。知的成長が未熟というのは、業界や職種、エントリーした企業などを選択した理由を、自分の言葉で適切に説明できないことが挙げられる。

ここから、キャリア教育の講義や就職ガイダンスでの説明に限界があることを感じ、従来のインターンシップをより教育的効果を高める制度に変えて、学生の成長につなげ、知的成長を伸ばし、就職活動に活

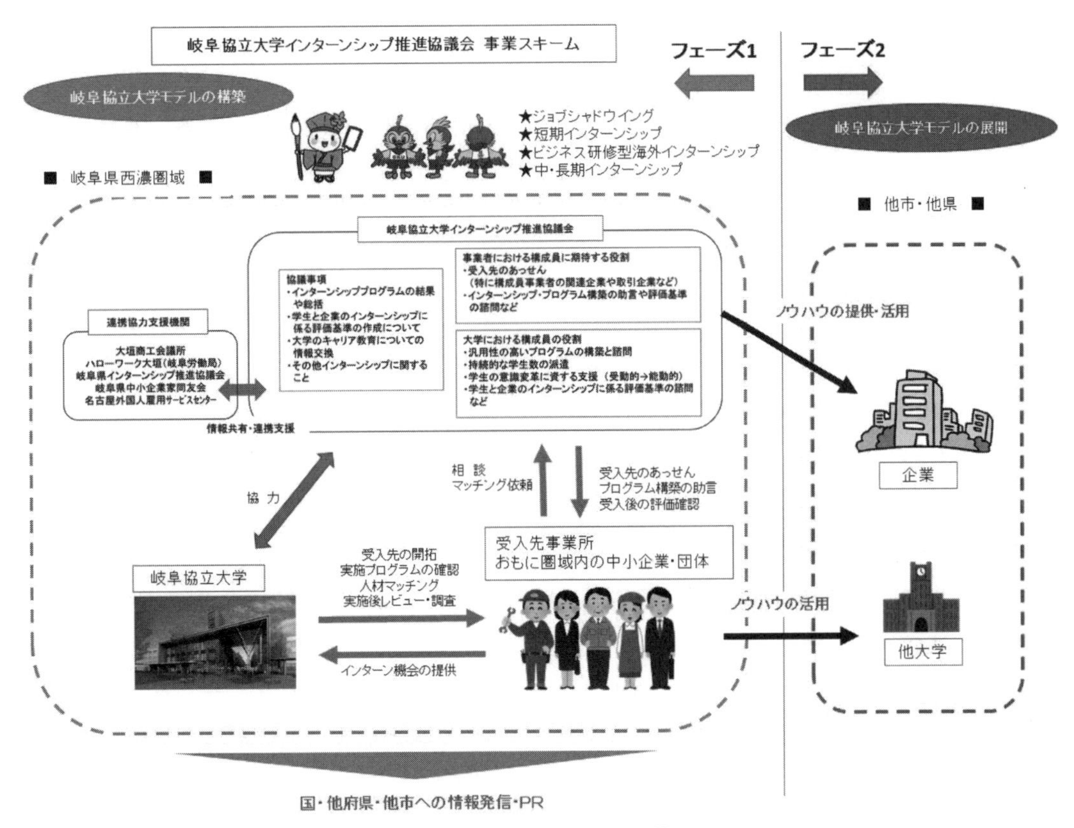

図１　事業スキームの構築

かしてほしいと考えた。

新たな知識や情報を得て自分の言葉で説明できるなどの、知識や理解面の能力を向上させる「知的成長」へのテコ入れを最重要課題と捉え、座学中心から学生同士のディスカッションの機会を増やすなど、インターンシップ正課講義の事前教育カリキュラムを大幅に改変した。

「なぜインターンシップに行くのか？」、「どんな業界や職種に適性があるか？」という問いを学生自身が立て、自分なりの仮説を言葉に出して相手に伝えるという学生同士の話し合いを徹底して行った。２年生や外国人留学生も多く受講していたため、年齢の相違や異文化の価値観・考え方が加わって、内容に深みが出る結果となった。

さらに、学生が導き出した問いと仮説を補完するデータを取るため、就職WEBサイトを運営するマイナビ社に協力を仰ぎ、同社の適性診断テストを活用した。このテストから、インターンシップ実習前後の学生の行動変容を評価することを目的として、学生に了解をとり、受検者の社会人基礎力等のデータを大学で取得した。

事後教育においては、例年と異なり企業の人事担当など実務家を交えたグループで成果報告を実施した。少人数制のグループに本学OGなどを含む社会人に進行と評価役として入っていただいた。普段と異なる雰囲気の中で緊張しながら学生は報告していたが、いずれの学生も「自分の言葉にして話す能力」が以前よりも向上している様子が見受けられた。

また、インターンシップ実習後に学生は適性診断テストを受け、事前との変容結果を知る機会を設けた。社会人基礎力に係る集計結果としては、目的を設定し確実に行動する「実行力」と、現状を分析し目的や課題を明らかにする「課題発見力」、課題の解決に向けたプロセスを明らかにし準備する「計画力」の三つが事前よりポイントが上がる結果となった。

ここまでに挙げた事前教育や事後教育の改変は、CIACが主催する「インターンシップの推進に係る専門人材研修会」【STEP2】で得られた知見や、他大学の事例の「良いとこ取りした情報」を基に、事前事後教育を担当する講師と打ち合わせしながら進めた。

「共育型インターンシップ事業」への挑戦

インターンシップに関わるプロジェクトを、自律的で、持続可能なものにするためには、「インターンシップが学生のためだけのものにならないことが重要」と考え、企業や団体の人材採用、さらに、組織の成長を実現できる可能性を持つ、「共育型インターンシップ」の実現に向けて尽力した。

受け入れる側の企業や団体からすると、インターンシップは学生が応募してくれなければ、手間がかかるだけの制度と考えられることがある。このため、学生がインターンシップを受けることで、企業や団体にもメリットになる施策を考えた。企業や団体にもメリットを生み出すため、インターンシップを受けた学生が作成する「魅力発見紹介レポート」を本学のホームページに掲載することとした。ホームページは、まず第一に本学の在学生に見てもらうようにする。同級生や先輩、後輩が見ることで、就職活動の参考になることや、地域の企業や団体を知ることで、学生においては、インターンシップで得た一人の経験値を共有値に変えることができる。魅力発見紹介レポートの掲載には、企業や団体のホームページや求人サイトへのリンクを設けるので、企業や団体においては、間接的な広報に貢献できるところがポイントとなる。

2018年4月から共育型インターンシップ事業への挑戦を始め、まず、学生を受け入れてくれる企業開拓に取り組んだ。大変感謝すべきは、先の事業スキームで連携協力支援機関として挙げた、大垣商工会議所や岐阜県中小企業家同友会、岐阜中小企業団体中央会などの経済団体が企業や団体への広報に協力してくれた。正直なところ、当初は20社程度の申し込みを想定していたが、66社からの申し込みがあった。

申し込みのあった66社のうち65社と、5月から7月の期間に直接訪問してプログラム内容等の打ち合わせをした。大学生をインターンシップで受け入れた経験のない企業や団体も4割程度あったため、社会学系の大学生を受け入れるプログラム設計の支援を実施した。理系の大学生のみ受け入れてきた企業も建設業や製造業で多く、文系大学生用のプログラムに再設計することにも携わることとなった。

また、受け入れていただくすべての企業や団体に、以下三つの汎用的なプログラムの導入を依頼した。

1　会社または団体の概要を説明するオリエンテーションのプログラムを設ける（会社を知る）

2　社員と懇談するプログラムを設ける（社員を知る）

3「魅力発見紹介レポート」を基に最終日に学生の発表の機会を設ける（自己を振り返る）

打ち合わせした企業や団体の情報とプログラムを、学生に分かりやすく提供するため、組織概要やインターンシップ・プログラムなどが掲載された会社情報シートを独自に作成し、学生に配布した。このおかげで、学生と企業・団体とのマッチングも例年よりスムーズに進行できた。企業や団体に出向いて、1日に複数社の打ち合わせをこなし、新しい情報をいち早く学生に提供するために、会社情報シートを作成するという仕事と、学生相談とマッチングおよび、その後の大学と企業や団体で締結する契約書類等の作成や郵送など複数の業務を抱えていたため、毎日が目まぐるしく過ぎていったことを記憶している。

2018年10月には、初めて大学生をインターンシップで受け入れた企業や団体21社を1カ月かけてまわり、事後の効果を計るためのヒアリングを実施した。すべての企業や団体から「自社の成長」を感じたことと、「次年度も受け入れたい」とのコメントを得ることができた。

最後に

インターンシップ専門人材として心がけてきたことは、学生と企業や団体双方にメリットが生じる「共育の場をつくる」ことである。課題は山積しているが、特に重要と感じる二点を最後に紹介する。

1　学外のリソースをこれまで以上に有効に活用し、学内のリソースの活用をより充実させる

2　事務職員は異動があるため、専門人材の仕事は人に依らずシステム化・体系化する

インターンシップに関わる方において、私が実践した事例紹介が少しでも参考になれば、望外の喜びである。

（初出　文部科学教育通信 No.458　2019年4月22日号）

インターンシップ専門人材実践レポート —— 広島文教大学

専門人材としての役割、意義、課題、想い

小原　寿美

小原　寿美（こはら　ひさみ）
広島文教大学・人間科学部・グローバルコミュニケーション学科・講師。2016年、特任講師として赴任後、全学のインターンシップを担当。他に、キャリア形成科目、日本語教員養成科目、ジェンダー科目、教養科目等の授業を担当。

はじめに

2016年から特任講師として広島文教大学（2018年までは「広島文教女子大学」。以下、本学）でインターンシップを担当し、早3年が経過した。多くの担当者がそうであるように、学内でのインターンシップ運営に悩んでいた筆者が、JASSO主催「インターンシップ専門人材セミナー」とCIAC主催「インターンシップの推進に係る専門人材研修会」（以下、セミナー等）受講を申し込んだのは、2018年9月のことだ。実務に有益な情報を得たいという想いで参加を決めた。本稿では、本学インターンシップに関する取組と合わせて一連のセミナー等で学んだ内容および得られた成果について述べる中で、専門人材として教員がプログラム運営に中心的に関わることのメリットについて述べる。

地方小規模私立大学でのインターンシップへの取組

あくまで一般論であるが、このような誌面に登場する取組の多くは、いわゆる「立派な」先進事例やどこか突き抜けた取組であることが多い。しかし、本事例はそのような先進事例でもなければ、突き抜けた素晴らしい事例でもない。また、学内のマンパワーが潤沢な、至れり尽くせりの状況ではない。ごく普通の地方小規模私立大学である。本学のような大学では、インターンシップに費やすことのできる人的資源が決して潤沢とは言えない。小規模校で、かつ教育・福祉など、いわゆる実習のある専門職志望学生の多数存在する学科から構成される大学の場合、企業を対象とした一般のインターンシップに参加する学生数、比率も決して高くない。地方では、そもそもインターンシップ受け入れ企業自体が多いわけでもない。ざっと概観するだけでもイン

ターンシップを行う上で、マイナス要素のほうが多く並ぶが、このような状況は本学だけが特例だろうか。実態として、このような状況に置かれた大学が、実は少なくないのではないだろうか。

本学は例にもれず、昨年までは定員割れの状況にあった。共学化によって、2019年度は入学定員を満たし、大学全体としては未だ定員割れの状態であるものの改善に向かっている。ただし、教育する側、支援する側の人的資源は決して潤沢とは言えない。このような状況を改善するための唯一の方策が、外部からの潤沢な「情報」を得て、それを自学仕様にアレンジして最適化し、活用することではないだろうか。

本稿では外部からどのようにしてどのような情報を得て、インターンシップの運営につなげたのか、そこにセミナー等はどのように影響したかなどを詳述し、類似の状況にある大学関係者と状況や感情を分かち合いつつ、論を進めたい。

広島文教大学

教育学部、人間科学部の２学部、５学科からなる。前身は広島文教女子大学。2019年４月より共学化。学生数は1,278名（2019年６月１日現在)。“育心育人”という理念のもと、学園創設以来60年以上にわたり、単に学術や技能だけではなく、その土台となる人間性を育む教育を行っている。

2016－2018年度の取組
～仮説検証型プログラムの実施と効果～

本学インターンシップは、２年生を中心として夏期休暇中に行われる５日間程度の短期インターンシップである。前任者の担当していた2015年度までは、マッチングをし、実習に送り出すことが中心となる形であった。覚書、日報などの書類も十分に整ってはいなかった。そこで、筆者赴任後の2016年度以降、以下の通り、学内で調整のできる部分について、事前事後研修を中心としてプログラムの充実を図った。また新規プログラムに関する検証を行い、教育効果を確認し、プログラムの微調整を行った。この時点でのプログラムの見直しには、インターンシップ実践に関する先行研究等を参照した。

まず、亀野（2009）などを参考に、事前事後研修の充実を図った。実習中に日報を書くこと、事後に礼状を書くことなど、これまで任意でしか行われていなかった要素を、改めて必須事項としてプログラムに盛り込んだ。実習評価項目についても事前に確認した上で実習に臨み、実習への動機づけとなるよう配慮するなど、当たり前だが十分に行われてきていなかったことを改めてプログラムに盛り込んだ。事後には学生に自己評価表の記入を課し、実習報告会を企画し、運営した。またキャリア形成科目を受講している翌年のインターンシップ候補生たちである１年生に報告会参加を促し、当該年度の報告会を聞き、動機付けられた学生が次年度実習に参加するサイクルを作った。報告者にも、報告会に後輩の聴講がある旨を事前に伝え、パワーポイント資料の作成・報告準備を動機付けた。また、プログラム全体についても、内部の自己満足的評価にとどまることなくより客観的な評価にするために、企業の担当者からのプログラム評価も毎年度実施することとした。

このように、まずは基本的な水準に整えることを目指して動きつつ、最も大きな変更点として仮説検証型インターンシップ（亀野 2009）を行った。仮説検証型インターンシップとは、実習前に学生が実習先に応じた仮説を設定し、設定した仮説を実習中に検証し、実習後に結果をまとめて報告する一連のプログラムである。仮説検証型で実習を行うことの目的は、仮説の持つ「発見の機能・動機付けの機能（江川 2002）」によって、実習の効果を高めることにある。事前の企業研究の充実、参加動機の再認識・明確化の意味合いも持たせている。仮説を持ってインターンシップに参加することで、わからないことや知らないことがあるなら明らかにしようとする「発見の機能」が働く。また、未知の事柄への探求心により、知的好奇心が高まり、実習の「動機づけの機能」となることも予想される。本学インターンシップは特に短期インターンシップのため、ともすれば「言われたことをこなすだけ、体験するだけ」で実習が終わってしまう可能性がある。このような「なんとなく体験するだけ」のプログラムでは実習効果が見込めない可能性が高い。プログラムを、少しでも実りある形に近づける可能性を期待して、仮説検証型プログラムを取り入れた。参加学生は仮説を立て、目的達成のためにはどのような方法をとるのがよいか、どんな困難が予測されるか、最も効果的な課題解決法は何か、結果は仮説通りだったか、違ったとすればその原因は何かなどを、拙いながらも自分の手と目で実習を通して検証していった。

このようにして行った実習の効果測定の結果、本学の仮説検証プログラムでは事前の進路選択に関する自己効力感の低い群では事後に進路選択に関する自己効力感が有意に高まるという効果がみられた。また、事前には相対的に消極的であった学生が、事後には学外のボランティア活動やインターンシップを契機とした地域での活動に主体的に取り組むなど事後の行動変容もみられた（詳細は小原 2018 参照）。

以上のように、インターンシップ参加による教育的効果は一定程度認められた。しかしながら、3年間を振り返ると、担当者および学内関係者の期待と裏腹に、インターンシップ参加者の低迷が継続していた。参加者増への取組が課題であった。

セミナー等で得られたきっかけ

そこで、このような状況を打破すべく、またよりよい取組へのきっかけを得るべくしてセミナー等に参加した。セミナー等では、実践および研究経験の豊富な担当講師の方々から、直接インターンシップについてレクチャーを受けることができる。具体的に示すならば、たとえばインターンシップの大学教育の中での位置づけを明確化するための、ディプロマポリシーとの関係性整理の必要性を学ぶことができた。また、SWOT 分析などの課題を通して、本学の状況を俯瞰的にとらえ、その中にインターンシップをどのように位置づけるのか、という視点について学ぶことができた。さらには、講師陣の開発されたインターンシップ関連ツールを配付していただき、セミナー等後実際に活用させていただく許可を得られたことなど、セミナー等には持ち帰って即役立てられる内容がふんだんにあった。

他大学から参加した仲間たちからは、参加者を増やすための取組の具体例や、実習に関する事前事後研修内容、その際用いる各種資料などを共有させていただくことができた。実際の運営に関する工夫や先進的な事例に関してだけでなく、創意工夫の上の失敗談や、学内調整のための方略など、より実践的で具体的な事例を共有させていただくことができた。

2019 年度の取組～セミナー等で得たものをプログラム改変に生かす～

以上のとおり、セミナー等参加で得た多くの情報を活用して、2019 年度のプログラムについて、以下の点を改変した。まず、過去 3 年間行っていた仮説検証型プログラムを前面に出すのをやめた。学内でのヒアリングから、このプログラムのハードルの高さゆえに参加を躊躇する層が決して少なくなかったためである。参加者増に貢献するために、対象となる学生たちに仮説検証は任意とする旨を明示した。すると、昨年の 4 倍近い学生が、単位認定インターンシップに参加することとなった。2018 年度のインターンシップ参加者は 10 名、2019 年度参加者は 38 名である。仮説検証を任意としたのは、セミナー等で、「教育的効果を高めようとして事前研修を手厚く、充実したものにすればするほど、参加学生が少なくなる」ということを他大学の担当者から聞いたことがきっかけである。確かに、事前研修の充実は必要である。しかし、学生のインターンシップ参加を阻害するものであってはならない。同時に、事前研修は、学生のためになるものでなければならない。ただやみくもにハードルを下げればよいというものでもない。

そこで、実習目標の明確化のための研修や実習中の日報の書式変更、事前活動としてグループを形成し、互いの不安を解消したり、ともにインターンシップに関する情報交換を行ったりする活動を取り入れるなどして、事前研修の充実を図った。このように、セミナー等参加で得られた情報を元に、今年度はプログラムを刷新してインターンシップを行い、効果を測定する予定である。幸い、インターンシップに関する学内研究費も獲得できた。今期のプログラムの改変がどのような影響を及ぼすのかを、1 年間の実践の後に、検証し、振り返りを行う予定である。

専門人材として教員が中心的にインターンシップに関わることの意義

これまで見たとおり、本学の取組はまだまだ未熟で、筆者も専門人材とは名ばかりの状況にある。しかしながら、学内調整の結果、参加学生増への対応として、複数の

改善点が盛り込まれ、実行されている。具体的には、これまで筆者が単独で行っていた企業開拓、マッチング、事前事後研修、実習巡回などすべてのプログラムのうち、以下の点で学内の協力が得られるようになった。①夏期休暇中の実習巡回では、関係学科教員による巡回協力が得られるようになった。②企業開拓については、事務部門の協力があり、希望者全員が実習参加できる体制が整った。以上の通り、チームでプログラムを運営する形になるなど、小さな一歩を踏み出しつつある。セミナー等でも繰り返し講師陣からお話があった通り、専門人材がインターンシップ業務のすべてを担うことは避けるべきである。参加者増に対応できないばかりか、専門人材が何らかの理由で不在となった場合、プログラム自体が停滞してしまうなど、学生あるいは教育に対する影響が大きいためである。学内の調整を図り、組織としてプログラムのコーディネートを行うのが、専門人材としての役割であろう。

教員が専門人材としてインターンシップに関わるメリットとしては、先にも触れた通り、プログラムの効果測定などを研究目線で行い、実施した内容についての評価を繰り返すことが可能となる点が挙げられよう。本学では単年度ごとの振り返りに加えて、3年ごとのまとまった振り返りを行い、よりよいプログラムにするためにできる工夫はないか、検討している。また、今年度は学内研究費の取得と、それに伴い発生するFD・SD業務として、全学教職員研修会でインターンシップについての振り返りの機会を持つ予定である。

おわりに

セミナー等の存在なくして、本学は現在のプログラムにたどり着くことはできなかっただろう。セミナー等はプログラム改変のための大きな道標となった。インターンシップ専門人材は、組織の中では孤軍奮闘しがちである。しかし、セミナー等参加によって、各々の実践や課題を共有・シェアしながら、各人が継続的に外部の情報を組織に持ち帰ることができる。セミナー等で得られた情報を手がかりとして活用すれば、たとえ本学のようにネガティブな状況にあっても、与えられた環境の中において、よりよい形のインターンシップ運営が可能となるのである。そういった意味において、インターンシップに関して先進的に取り組んでいる大学よりも、むしろ本学のようなタイプの大学こそ、このセミナー等で得られるものが大きいのではないだろうか。

インターンシップ専門人材は、変化の早い実社会の状況と、比較的動きの緩やかな学内を調整する役割の一翼を担う存在となる。今後、学内の状況がより整った後には、学外（企業・団体）とのよりよい調整を行う必要がある。そのために必要な情報を得るためにもセミナー等に継続参加し、悪戦苦闘しながらプログラムをブラッシュアップしていきたい。

〈引用文献〉

江川　成（2002）『経験科学における研究方略ガイドブック　論理性と創造性のブラッシュアップ』ナカニシヤ出版
亀野　淳（2009）「体験型インターンシップの役割の再検証と仮説の設定・検証による向上効果」インターンシップ研究年報　12巻　pp. 17－24
小原　寿美（2018）「広島文教女子大学における短期インターンシップの実践と検証：仮説検証型インターンシップの試み」高等教育研究四号　pp. 1－18

（初出　文部科学教育通信 No.464　2019年７月22日号）

インターンシップ専門人材実践レポート
—— 北翔大学・北翔大学短期大学部

大学教育と働くことをつなぐインターンシップを目指して

小川　美夏

小川　美夏（おがわ　みか）
北翔大学・北翔大学短期大学部キャリア支援センター　課長・副センター長・非常勤講師。総務課・人事給与課・秘書課・企画課を経て現職。2018年4月より非常勤講師としてキャリア科目を担当。国家資格キャリアコンサルタント。

はじめに

文部科学省中央教育審議会「2040年に向けた高等教育のグランドデザイン（答申）［概要］」（平成30年11月26日）の中で、予測不可能な時代を生きる人材像として、「普遍的な知識・理解と汎用的技能を文理横断的に身に付けていく」、「時代の変化に合わせて積極的に社会を支え、論理的思考力を持って社会を改善していく資質を有する人材」とある。特に人口知能などの技術革新が進んでいく2040年という予測不可能な時代に大学内だけで学生を教育していくのは、もはや不可能である。インターンシップを通して、産業界や地方公共団体等と学生をつなげていくためにインターンシップ専門人材が必要である。

インターンシップを申し込んだ学生に参加理由を聞くと「教員以外の職について知らずに大学に入学した。世の中にはいろいろな仕事があるからこそインターンシップに参加してみたい」との意見があった。自分の目指す方向と違う世界を知るチャンスを広げることで、就職活動を進めるうえでも視野が広がり自信を持つことにつながっていく。

人生のステージへの変化が予想される中で、様々なキャリアの可能性を模索する時間を学生時代に提供する一つとしてインターンシップを実施することの必要性を感じている。

本学のインターンシップ

北翔大学（以下「本学」という）は、2学部5学科を擁する4年制大学である。本学は短大を併設しているが、今回は筆者の担当する四大について述べる。

本学は「常に変化する社会に向かって真

北翔大学・北翔大学短期大学部
大学には、生涯スポーツ学部（スポーツ教育学科・健康福祉学科）と教育文化学部（教育学科・芸術学科・心理カウンセリング学科）の２学部５学科があり約 870 名が在籍している。短期大学には、ライフデザイン学科とこども学科の２学科があり約 280 名が在籍している。

摯にかつ創造的に対応できる人材の輩出を目指し、より高い専門性と幅広い教養を身につけた、自立できる社会人の育成」という建学の精神実現のため開学時から「実学教育」を掲げてきた。実学とは、ひとの暮らしに役立つことを目的とした学びである。そのために必要な力を養うため①入学前教育②基礎・教育科目③専門科目④発展科目⑤就業力養成科目の五つの教育フレームを置いている。就業力養成科目の一つとして、「インターンシップ」（選択科目・2単位）を開講している。

インターンシップでは、企業等での研修を通じて、就業力を育成することを目的としている。狙いは、①日々学んでいる専門性を実践の場で発揮する機会として、②自ら選択した職種の適性を判断する機会として、③進路とは異なる業種・職種を経験する機会として等、各自の目的に応じて活用することが可能であり、将来の進路選択の際に必要となるさまざまな知識の吸収や社会に通用する価値観の獲得、および社会人としての基礎力を培うことを目指すことである。到達目標は、①ビジネスマナーを身につける②自己の適性について理解を深める③適切な職業観を養う④行動力やコミュニケーション能力を身につける⑤各業界の取組を通じて、企業（団体含む）理解を深めることである。本学の「インターンシップ」は2年次もしくは3年次に一度だけ履修可能である。インターンシッププログラムは次の通りである。

(1) インターンシップ事前指導

①自己の進路について考え、就職に向けての意識を高める。インターンシップの概要を理解する。②インターンシップ説明会に出席（必須）し、インターンシップの意義、概要、流れを理解する、③希望実習先の企業研究を行い、実習先の希望業種と希望職種について検討する。④希望実習先の選定と志望理由書を作成し、期日までにキャリア支援センターにインターンシップの申し込みを行う。⑤キャリア支援センターで必要に応じて個人面談を受けながら、インターンシップ中の自己のテーマや目標を考え、実習先の学内選考を受ける。⑥ビジネスマナー講座を受講（必須）し、社会人としての最低限のマナーを身につける。

(2) 準備学習の内容

実習先について「インターンシップで何を学びたいのですか」と問われた時に具体的に説明できるようにするため、「実習先研究シート」に基づき調査する。調査内容は、①事業内容　中核事業や今後力を入れる事業、また主力商品・製品やサービス、②経営理念・方針　業界内での位置づけやシェア、③同業他社と比べたときの特色強み・弱み、課題・将来性、④実習先で学

「ビジネスマナー講座」を受講する学生

びたいこと　興味を持ったきっかけについてなどである。

(3) インターンシップ実習

就労体験を通じて、自らの適性と仕事についての理解を深め、就業力を養う。①仕事とはどういうものかを感じ取り、理解する。②企業・組織を知り、社会のしくみを理解する。③企業・組織の一員として、できることを明確にする。④社会人としての価値観や基礎を身につける。

(4) インターンシップ事後指導

①インターンシップ実習を振り返り、自己評価および報告書を作成し、期日までにキャリア支援センターに提出する。②インターンシップ報告会のプレゼンテーションの準備をする③インターンシップ報告会で自分の実習体験を発表（必須）し、プレゼンテーションを学ぶ。④指定テーマに基づきグループワークを行い、結果を発表する。その際、グループ内の役割課題に取り組む。テーマは、「学んだことや気づいたこと、思ったこと」、「特に困ったこと」、「インターンシップの経験をどのように活かすか」である。

(5) 参加学生の声

①イメージしていた公務員とは全く違い、深夜まで仕事が長引くこともあり、時には土日出勤もある。やることが多すぎてお昼を食べる時間さえもない時があるなど、とても忙しかった。どんなに忙しくても大変でも、市民のために仕事を行うことがとても嬉しくやりがいを感じられることだとわかり、働くとはお金のため、生活のためと思っていたが、そうではなく、市民の方（相手の方）のために働くのだということがわかった。（実習先江別市役所）②実習期間中は内勤業務や折込広告部、事業IT部と各部署を見学・同行させていただいた。営業の方にどうやって対応の方法を身につけたのか伺った際、たくさん取引をしていく中で慣れていったと聞いて、たくさん失敗して身についていくと知った。今回のインターンシップで仕事についた際、失敗と努力を重ねてしっかり身につけていくことが大事だと思った。この経験を生かして失敗してもいいものが作れるように学科の課題を製作して練習を重ね、編集の技術を磨くことに取り組みたいと考えた。（実習先　広告代理店）③5日間とい

う短い期間だったこともあり、物件紹介の模擬体験などといった不動産の表側の仕事はできません。そのため、ホームページに掲載する部屋の写真撮りや、入居前の部屋や空き部屋の掃除と点検などといった裏方の仕事ばかりだった。しかしこのような裏の誰にも見られない仕事に対しても職場の人は丁寧にかつ素早く作業を行っていた。それをみて私は、どんな仕事でも意味のないものはなく、そして小さな裏の仕事でも全て責任があるということに気づいた。（実習先　不動産業）

以上のような学生の声にもあるようにインターンシップに参加することで明確になることがある。インターンシップで学生が経験したいことを面談で聞き取り、この内容であればこの企業で経験できるということを察知し、学生と企業のマッチングを正確に行うことがインターンシップ専門人材の重要な役割と考える。

本学の主なインターンシップ

(1) 北海道地域インターンシップ推進協議会

北海道地域における大学等のインターンシップの普及・拡充を図るため、北海道内の主要大学で構成する団体であり、平成14年４月に設立された。加盟大学と産業界が相互に交流を図り、連携を強化することにより、インターンシップの実施、情報提供及び諸団体との交流により、高等教育の改善・発展及び地域経済社会の発展に資することを目的として事業を推進している。現在本学含め10校が加盟している。協議会を通してインターンシップを実施するメリットは、企業がインターンシップを実施する場合、「個別大学を通して実施する」、「企業独自に実施する」などの形態もあるが、協議会には北海道内多くの大学が加盟しており、様々な大学や学部からの学生の参加が期待できる。また、協議会事務局が中心となって学生募集の作業等を一括して行い、企業の希望に応じた学生を選定することから、企業内の事務が軽減されるというメリットもある。インターンシップの意義として、企業は社会貢献・業界や自社に対する理解の促進、社会の活性化・社員の育成、大学との関係強化、大学における教育内容の把握、学生の意識の把握が挙げられる。大学・学生は、高い職業意識の形成、自主性・独自性のある人材の育成、教育内容・方法の改善、充実が挙げられる。

(2) 有給アルバシップ

北海道江別市内にある本学含めた４大学の学生に対するキャリア形成、江別市内における労働力確保及び将来の人材育成を目的とし実施している。内容は、登録した学生に事業受託事業者が「就業前研修」を実施したうえで、人材派遣契約に基づき江別市内の企業に学生を派遣する。その他、キャリア形成を促すために、定期的に就職活動等に活かすことができる内容の研修や交流会などを実施している。学生の座学、インターンシップ中の待遇は、有給である。座学中は江別市が負担、インターンシップ中は受入企業が負担することになる。受入企業においては、アルバイト不足などによる労働力不足を解消し、将来的な人材確保にも役立つことができる。学生のメリットは、就職に直結する知識や経験、就職時の選択肢、学費・生活費の確保である。地域のメリットは、将来の定住・就職人口増、市内大学の魅力増、労働力の供給である。企業のメリットは、市内大学へのPR、将来の社員候補、優秀な人材の確保である。

(3) 江別市

北海道江別市内に所在する大学等に在学している学生に、公務における就業体験の機会を提供することで、職業意識の向上や市政理解を深めることに役立て、将来、江別市内で活躍する人材を育成することを目的として、「江別市市内大学等インターンシップ事業」を実施している。対象者は、江別市内に所在する4大学に在学している学生のうち、①大学生（2～4年生）②江別市のまちづくりや仕事に関心があり、江別市民への貢献心をもって実習に取り組む意志のある方③心身ともに健康で、実習に積極的に取り組む意志のある方④江別市の規定を遵守することができる方である。実習期間は、8月から10月までの3カ月間（実働30日間）、実習内容は、広報えべつ作成業務、生涯学習イベント運営補助、農業体験等である。配属先は希望通りにならない場合や複数部署での実習を行う場合もある。職場での実習のほか、市政の理解をより深めるための研修や、市の課題をテーマにしたワークショップ等の実施もある。募集人員は10人程度（各職場1人を原則として、全体で10人程度受入れが可能）

インターンシップ終了後の面談

インターンシップの中で、どれだけ多くのことを吸収し、自分の強みや弱み、課題を見つけそこから自分の将来を見据えたかが重要であると考える。インターンシップ経験を活かすことで将来の職業を考えるヒント、自己アピールのポイントがたくさん見えてくる。何となく参加しただけでは何の役にも立たない。将来の就職のことと捉らえるだけではなく今後の学生生活に活かす機会としてインターンシップを捉えるのも良い。目的をたて目的を見据えてインターンシップに参加することでキャリア形成に

別表　令和元年度　インターンシップ主な実習内容

受入業種	実習内容
地方公務	雇用労政関連業務研修・人材育成関連業務研修
情報通信	ラジオ放送全般
地方公務	福祉関連各種調査研修・障がい相談業務研修・子育て支援、生活保護関係業務研修・施設見学
公共施設	学芸員補助業務（来館者対応・資料整理　等）
介護福祉	認知症高齢者の方とのお話相手・家事等々のサポート、散歩や買い物への同行、アクティビティやレクリエーションへの参加
野外教育施設	夏季キャンプ事業のサポート
児童福祉	クラス見学、クラス運営補助　等
金融	金融・証券知識の習得
不動産	不動産賃貸物件の写真撮り、賃貸仲介・管理・工事部の業務補助及び見学　等

つながっていく。

インターンシップ参加学生とは、インターンシップ終了後に面談し、想いを聴き取りフィードバックしている。振り返りを重視することによって、学生自身の気づきを促すことができる。令和元年度インターンシップの主な実習内容は、**別表**の通りである。学生がどんな気づきを得てくるのかとても楽しみである。

専門人材の役割

全学年に実施する「就職ガイダンス」では、「挨拶」と「人との関わり」について話している。挨拶では、「あ＝明るく・い＝いつも・さ＝先に・つ＝伝える」こと、人との関わりでは、「誰とでも仲良くできること」を伝えている。ありがたいことに挨拶ができる学生が毎年入学している。学外の方には「学生さんが挨拶してくれて気持ちが良かった」という言葉をいただくことがたびたびあり、とても嬉しく思う。

学生には、社会に出たときに求められることをインターンシップで体験し、インターンシップ終了後の大学での学びの中で更に深めていってほしい。また、インターンシップに関わった方々の価値観を知ることで自分の価値観を改めて知ることができると思う。

専門人材は、人が好きであることが一番大事だと思う。学生と関わり、受け入れ先の人と関わり、学内教職員と関わる。全ての人が満足し成長できるようコーディネートしていくことが、専門人材の大きな役割であると考える。時にはうまくいかないこともあるが、そんな時には勇気をもって共感してくれる人を探し、協力してもらうことができるネットワークを持っていることも専門人材の大きな役割である。

インターンシップ専門人材として、将来は産業界に本学教職員を出向し、産業界から本学に社員を出向するなど、お互いの役割を理解し合いながら今まで以上に産業界と地方公共団体を巻き込んで学生を育成していきたい。

おわりに

専門人材の研修を受け、研修終了後に「インターンシップを大学（教育）改革につなげるために、短期的な取組と中長期的な取組」について考える機会があった。短期的な取組としては、科目「インターンシップ」の履修者を増やすために、個々のインターンシップにタイトルをつけることや地元企業の特徴あるインターンシップ先を開拓することで、学生が興味をもつようにすることを挙げた。中長期的な取組としては、全科目にインターンシップに参加することを取り入れ、インターンシップに参加することで、大学での学びが社会でどのように役立つかを学生が実感できることを挙げた。

これらの取組を実現し、インターンシップ専門人材として、大学教育を点で学ぶのではなく、働くこととつなげ学生一人ひとりの就業力を高めていきたい。

（初出　文部科学教育通信 No.466　2019年8月26日号）

インターンシップ専門人材実践レポート
――デジタルハリウッド大学

大学の特徴を生かした新しいインターンシップを目指して

座間味　涼子

座間味　涼子（ざまみ　りょうこ）
デジタルハリウッド大学キャリアセンター長
民間の人材サービス会社でのキャリアコンサルタントを経て2012年より現職へ。
国家資格キャリアコンサルタント。

はじめに

デジタルハリウッド大学は、2004年に構造改革特別区域法に基づく規制の特例措置として認定され設立した株式会社立大学である。2004年に大学院大学（専門職大学院）として開学し、翌2005年には4年制大学の設置を行い、現在開学して15年目の大学である。

インターンシップに関しては、キャリアセンターが運用を担ってはいるが、まずは“就職率を向上させる”、“就職支援を充実させる”、といった『就職』を安定させることに注力をしてきて、インターンシップに割く労力・時間が取れない状況だった。だが、昨年度で卒業生も11期輩出し、ある程度は就職支援の体制もまとまってきたので、改めて振り返ったところで、次に注力すべきはインターンシップであると方針を定めた。

在学中に長期のインターンシップに行った学生の多くは、就職において自分の目指す企業に就職ができている。インターンシップを体験することにより、本学の学びがどう社会で生かされるか実感でき学びの向上にもつながり、最終的にはより良い就職にもつながった。このような事例を踏まえ、教育的効果が得られるインターンシップに力を入れていきたい、と考えたタイミングで、CIAC主催のインターンシップ専門人材研修会を受講することができた。この研修会で様々な気づきを得ることができ、刺激を受けた。まだまだ道半ばではあるが、これまでの取組を紹介したい。

インターンシップの位置づけ

本学は、4年間の学びを**図1**のようなカリキュラム概念図にして示している。

その中において、インターンシップは

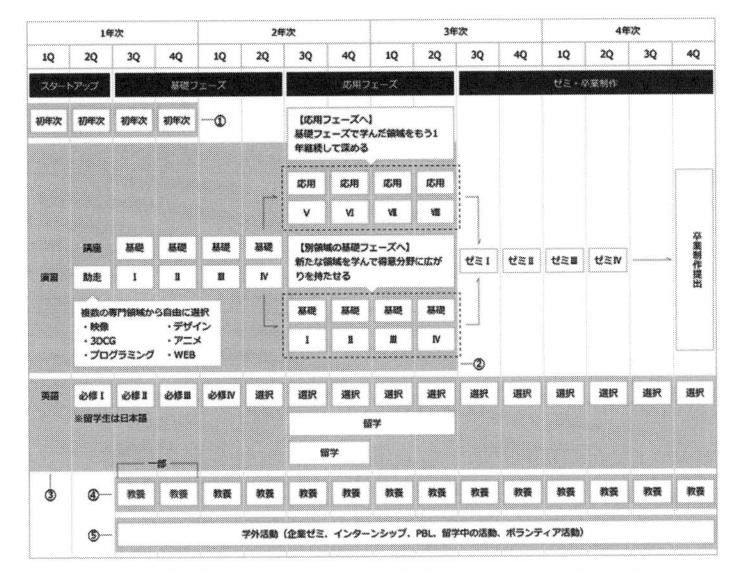

図1　デジタルハリウッド大学カリキュラム概念図

『学外活動』というフェーズで正規の教育課程に含まれている。

カリキュラムポリシーの中でも「学内での知識や技術のインプットだけでなく、実践を通じたアウトプットによる理解の深化や知識・技術の定着にも重きを置いており、インターンシップやPBL等の企業や社会との協働による活動に関する科目や制度を配置している」としており、大学としてもアウトプットの場として重要だと考えている。

本学のインターンシップの特徴として、二つ挙げられる。

一つは、通年科目として4年間いつでも履修できることである。1年生のうちに社会を知るために体験する学生もいれば、3年生で今まで学んだことを実践する目的で行く学生もいる。

二つめは、各個人に合わせて調整ができることである。いつでも履修できるので、授業実施期間中にインターンシップに行く学生も少なくない。そういった場合は週5日のフルタイムでインターンシップに臨むことが難しくなるため、学生が授業とインターンシップを両立できるよう、専門人材が企業と学生の間に入って調整を行っていく。学生がインターンシップに行きたいタイミングと企業が受け入れられるタイミングを生かせられるような仕組みになっている。

だが、正課科目としてのインターンシップの参加率は現在10%にも満たない状況で、大きな課題の一つである。理由として考えられるのは、

①学生が求める企業のラインナップが充実していない

②学生のインターンシップへの意欲が低い

が挙げられる。

ラインナップの充実については本学の特徴によるところもある。

本学は、学ぶ領域が限定されないよう、「デジタルコミュニケーション学部デジタルコンテンツ学科」の1学部1学科でデジタルコミュニケーションを横断して学べるカリキュラムが設置されている。デジタルコンテンツ（3DCG、ゲーム・プログラミング、映像、グラフィック、アニメ、Webデザイン、メディアアート等）と企画・コミュニケーション（ビジネスプラン、マー

ケティング、広報PR等）の専門領域におけるクリエイティブ表現やIT技術、ビジネス手法を融合的に学び新しい価値を生み出す力が身に付けられる。

複数の専門領域から学びたい科目を選択できるので、学生一人ひとりが自分にあった科目を組み合わせて学ぶことができるため、学科は一つでもそれぞれが学んでいる専門領域は違う。

そのため、インターンシップにおいてもそれぞれの領域のプログラムを用意しなければならない。また、さらにジャンルなどもそれぞれ希望があるため、専門領域だけ合っていても自分のやりたいジャンルでないと希望しないといったケースがあり、学生とインターンシップ求人とのマッチングが難しい。

また、学生のインターンシップへの意欲に関しては、専門領域のインターンシップは社会人基礎力に合わせて技術力も求められるということが大きく影響する。技術力の高い学生はインターンシップにも積極的に参加しているが、そうでない学生にとっては自信が持てずハードルを高く感じてしまい及び腰になってしまっている。本学としてはこういった学生に参加してもらい、逆に社会でもやっていけるという自信をもってもらいたいと考え支援している。

セミナー後の取組

先日JASSO主催のインターンシップ専門人材セミナーに参加して、現在できるところから取組を始めている。

始めたこととしては、
①制度とプログラムの見直し
②学生への働きかけ
③企業への働きかけ
④学内、各部署への働きかけ
になる。

①制度とプログラムの見直しは、今まで制度と言えるような制度がなかったので、ゼロから作成していった。

まずは、事前・事後学習だ。これまで事前学習はインターンシップが決まった学生に向けて個別で行ってきた。個別で行う利点はその学生に合わせてカスタマイズできるところだ。マナーなどが身についていない学生に対しては重点的に教え、すでに身についている学生にはポイントだけ伝え別のところに時間を割く。事後学習もレポート等にまとめた後は担当教員との個別面談にて振り返りと今後の計画を立てさせる。ここもその学生にあわせて面談内容は変えている。

本学のように同じ学科だが専門領域が違う場合は集団で行うより個別の方が対応しやすいことも多いが、今後参加人数を増やそうとしている中どこまで個別対応ができるかわからない。そこで、セミナーで学んだことや他大学の事例をもとに事前・事後学習のプログラムの再構築を始めた。個別だけでなく集団でも対応できるような設計と、事後学習では振り返りだけでなく報告会などのアウトプットする場をきちんと設けるようにしていきたい。

また、保険制度も今まで希望者のみの対応を行っていたが、改めて正課以外でもインターンシップに参加する学生は全員参加するよう再告知と学内での掲示などで保険加入を促進していった。

②学生に対しては、まずはインターンシップの啓発活動からと思い、インターンシップのメリットや申込受付の告知を強化していった。特に1年生には早くからインターンシップに興味をもってもらいたく、入学時のガイダンスの際にインターンシップの紹介と重要性についてアナウンスを行い、1年生からインターンシップに参加できるという話を行った。さらに正課科目以外のキャリアセンターとしてお薦めのインターンシップは随時学内のメールなどにて紹介し、魅力あるインターンシップがあることを啓発していった。その結果、前期を終えたところですでに昨年の倍以上の学生からの問い合わせがあり、さらに1年生からの問い合わせも増え入学して5カ月ですでに2カ所のインターンシップを経験する者もいて成果につながった。

③企業に対しては、こちらも常に提案し続けることを徹底している。採用に関する問い合わせの際もあわせてインターンシップの提案も行い、インターンシップの意義や企業にとってのメリット等も伝えていった。

また通常の企業で企画しているプログラムでも正課科目として受け入れが可能かどうかも提案していき、受け入れてくれる企業も少しずつ増えてきている。

④学生、企業と合わせて他部署へもインターンシップの啓発を行っている。

セミナーを終えて、まずはセミナーの報告を本学の管理職に向けて行い、今後インターンシップを強化していくことを宣言した。本学は株式会社立という特徴を生かし、産学連携には積極的に取り組んでいることもあり、学生が社会に出ていくことには非常に理解があるため、どの部署からも賛同は得られた。これを機に、前述したように学生や企業への啓発活動がしやすくなった。あと、他部署からの紹介が増えた。

本学にはキャリアセンター以外にも産学連携センターや大学のPBLなどで企業との接点が多くある。大学以外にも株式会社として社会人向けの専門スクールやオンラインスクール、法人向けサービスといった様々な部署があり、普段大学事業では接点が持てないような企業と他部署が、取引がありそこからインターンシップの紹介案件が増えてきた。キャリアセンターだけでは積極的に営業活動を行う時間もマンパワー

キャンパスPRプロジェクトのメンバーは、当日ヘルプの学生への指示出しも行う

デジタルハリウッド大学
2005年4月、文部科学省認可の株式会社立の大学として秋葉原に開学。
1学部1学科制で、デジタルコンテンツと企画・コミュニケーションを産業界の第一線で活躍する実務家教員から幅広く学べる。
世界39カ国・地域出身の学生が在籍し、御茶ノ水駅前で多様性に富むキャンパスを運営している。

も現在はない。そこで「株式会社立」の利点を生かし、社内のリソースをうまく使いながらインターンシップを向上させていきたい。

さらにもう一つの利点としては、社内にてインターンシップを受け入れるという流れができたことだ。例えば、入試広報部門で、今までオープンキャンパスで在学生が当日の運営を手伝うことは多く行ってきたが、当日だけではなく企画から携わり、オープンキャンパスというプロジェクトを通してPDCAをまわすという「キャンパスPRプロジェクト」というインターンシップが生まれた。受け入れる部署の職員も、インターンシップなので社会人の先輩として厳しく接してもらい、教育している。学生たちで企画したものは当日の運営から撮影などのアウトプットまで全て学生自らが責任をもって運営し、参加した高校生からの評判も受け振り返りをするなどPDCAを体験することができた。

このように、いずれも完全な制度化はされていないものの、「これからはインターンシップを強化していきたい」と宣言し、ことあるごとに口にすることで、まわりにきっかけを与えることができ、協力してくれることが増えた。セミナーに参加して自分自身の「意識」が変わり、とにかくできることから始めたことがまずは一つの成果である。

今後の課題

今後の課題は、いかにして1~2年生の低学年のうちに長期インターンシップに行かせるか、という点だ。3年生でのインターンシップはどうしても就職活動を意識したものになり、企業側も採用につながるようなプログラムが多くなる。これはこれで必要だと思うが、それはあくまで教育的効果というよりは今までの教育のアウトプットに過ぎない。1~2年生で社会を経験することにより、自分に足りない力を実感し、それを今後の大学での学びで習得できる。

また本学は**図1**のカリキュラム概念図にあるとおり、1年生の3Q、2年生の3Qで専門領域を選択するタイミングがある。特に2年生の3Qはさらに専門領域を深めていくか、さらに新しいジャンルを広げていくか大きな分岐点となる。その前にインターンシップにおいて社会で実践することができると、その選択時に卒業後の自分のキャリアや社会が求める力も併せて選択できるのではないだろうか。大学での学びと社会での学びを両方行うことで、本学のディプロマポリシーにある「人間が持つ創造性を最大限活かし、且つ自立した人間として社会に貢献する人物」に近づいていけるのだと考える。

そのために、まずはきちんとした制度化

を行っていきたい。

今までは孤軍奮闘の状態で尽力してきたが、さらに発展させるためにはインターンシップの件数も増やしていかなくてはいけないし、手続きも今以上に増えてくる。現状維持では収まらないタスクが増えるのは確実なので、個人レベルの注力で成り立つものだけはなく、制度化して組織的に機能するよう整えていきたい。そのためにキャリアセンター内の人材教育、他部署や教員の巻き込みに着手していきたい。

さいごに

本学内にて「就職力とは何か？」という問いに対して「プロと接した時間×孤独と向き合った時間」という仮説を立てている。これを具体的な事例で表すと、まさにインターンシップは「プロと接した時間」の代表的な事例になる。(「孤独と向き合った時間」は留学で例えることが多い)

３年生になって、急に就職活動を意識してなんとなく1DAYインターンシップを経験しても、企業研究にはなっても「就職力」を鍛えることはできない。そのためにも、低学年のうちに教育的効果の高いインターンシップを経験することが当たり前、といった風土を作っていきたいと思っている。

現在は低学年の学生をインターンシップで受け入れてくれる企業はまだまだ少ないが、インターンシップのメリットを大学・学生だけでなく企業にも感じてもらい、1年生からインターンシップに行くことが当たり前の社会にしていきたい。そのためには専門人材が増え、様々なところで発信をしていくことが必要であると考える。今できることとして、本学で実践しアウトプットできるよう、専門人材としてのスキルも更に磨いていきたい。

（初出　文部科学教育通信 No.467　2019年９月９日号）

第4章

短期大学編

学長が語るインターンシップ――湘北短期大学
「教育」をあまり語らない、教育改革インターンシップ
宮下　次衛　学長

頼本　維樹（取材・構成）

宮下次衛　学長
鹿児島県出身、昭和 25 年8月生まれ。
九州大学を卒業後、ソニー一筋 39 年、ソニー（株）国内営業本部総括部長、ソニーマーケティング（株）代表取締役社長などを経て、平成 24 年4月から湘北短期大学学長を務め、平成 26 年4月から同学理事長を兼任し、平成31 年4月からは同学理事長を務めている。

短大として生き残りと教育理念、そしてインターンシップ

本学の学長に就任して、スタートとなる認識は、短大学長として自らを弱者でありニッチの世界にいると受け止めることでした。そのため、生き延びるためには何か特色を出すことが必要で、他とは違うことをやらなければならないということを常に考えています。しかし、その特色というのは何でもよいのではなく、「建学の精神」「教育の理念」に基づくことが必要です。本学の「教育の理念」は、本学の創立者である井深氏の言葉「社会でほんとうに役立つ人材を育てる」です。これを踏まえない「飛び地」のような特徴づくりは絶対成功しないというのが認識の基本です。

また、そもそも大学にとって生き残るための条件は、一定数の学生を迎え入れることであり、そのためには学生が満足してこの学校を卒業し社会に出ていくことだと思います。その満足の大切な要素として就職があります。特に保護者の関心は大変シンプルで、一に就職、二に充実した設備とクリーンな環境です。

インターンシップについては、その仕組みは私の学長就任前にある程度できていて根付いていました。それをもっと後押しする、具体的にはもっと多くの教員に関与してもらい、学生のインターンシップ参加率を上げていくことを基本的な考えとして取り組んでいます。実習のある保育学科以外の学生の平成 23 年度の参加率は 31％でしたが、平成 29 年度は 97％、平成 30 年度は 99.2％とほとんど全員参加となっています。

本学のインターンシップを高校生や保護者に分かっていただくために三つの手段があります。まず、オープンキャンパスに来ていただいたときに、「教育の理念」「就職」のこととインターンシップの話をするようにしています。二つ目に、大学案内にも必ずインターンシップのことを載せています。三つ目に、入学式の時に保護者だけ残っていただいて、学科単位で就職やインターンシップの話を必ずするようにしています。

こうした取組を進めてきたこともあるのでしょうか、入学した学生から「インターンシップが充実しているから湘北短期大学を選びました」という声を耳にするようになりました。

湘北短期大学　総合ビジネス・情報学科、生活プロデュース学科、保育学科の３学科を持つ。
学生数は 1,033 名（平成 30 年５月１日現在）。1974 年にソニー株式会社の寄附によって設立され、「社会でほんとうに役立つ人材を育てる」ことを教育の理念として掲げている。

企業との関わり合い

インターンシップをお願いする企業に対しては、社内研修の一環として使ってくださいと言っています。

そもそも仕事を覚える方法には、①上司先輩から学ぶ、②お客様から学ぶ、そして③教えることによって学ぶ、の三つがあります。後輩がいない社員は③の機会を得られませんが、インターンシップの学生をコーチングすることがそういう社員にとっての研修になります。本学のインターンシップは採用とは切り離されており、インターンシップ先に実際に就職している学生は全体の１割もいません。ただし、インターンシップ先に行った学生ではない他の本学学生が入社するケースは多くあります。その背景として、ほぼ全員がインターンシップに行く中で、毎年学生を受け入れてくれる企業から、「湘北短大生はよく気が付くし

安心」と言っていただいているなど、実習先との信頼関係があることによるものかもしれません。

1年生の9月からインターンシップの事前学習として「インターンシップ・リテラシー」という科目があり、この授業の15コマを受けないとインターンシップには行けないようになっています。この科目では、湘北短期大学の教員を中心に編集し市販もされている「ワークで学ぶインターンシップ・リテラシー」という本をテキストとして使用しています。加えて「就職活動実践演習」という科目もあり、業界、業種、業態、職種というものについての勉強も行っています。この2科目を受講することで、インターンシップ先でそれほど大きな問題は出てこないようになっています。

社会でほんとうに役立つ人材

本学の教育理念である「社会でほんとうに役立つ人材」とは、何か偉業をなす人のことではなく「自立している人」のことだと、いつも学生にも保護者にも言っています。ここでの自立には、❶経済的に自立すること、❷保護者から精神的に自立すること、❸社会人として自立すること、という三つの意味合いがあります。この自立を一番確実にするものが、働くこと、就職だと話しています。自分がやりたいことができるところ、行きたいところで就職できるのが一番よく、学生がそれを探すためにインターンシップがあると捉えています。就職をしなくてはならない学生に応えていくことがこの大学の使命です。

ただ、大学教育改革としてのインターンシップという文脈については、意識してやってはいません。社会について学ぶには学生を1週間くらいは外に出し、そこで肌で感じてもらうことが一番大事だと思います。学生が感じて初めて社会で本当に必要なものを学び始めるだろうという考え方です。

教員の意識変革

インターンシップにほぼ全員が希望して参加する状況になる前には、必ずしも協力的ではない教員もいました。彼らに対して私がやったことは、「学生のために、とにかくやろうよ」と働きかけただけです。具体的には、「学内説得用スライド」を1枚作成し、インターンシップに行った学生の就職が行っていない学生に比べて早く決まっていることを示し、「インターンシップは効果的であり、是非学生に勧めよう」と話し掛けました。就職が早く決まるので保護者の満足も得られ、結果として教員たちもやらざるを得ない状況になった、と思います。

自分の専門領域以外に関心のない先生方や、「大学は真理探究の場であり、教育研究は就職のためではない」という先生方もいます。しかし、大学は学生のためにあるのであり、特に短大の場合は入学した学生は２年後には働かなくてはいけません。そういう学生を満足させることが、大学が生き延びるための大事な要素であり、就職は学生の満足度の中で、一番大きなウェイトを占めているものだと思っています。

本学ではインターンシップ担当以外の教員も全員が手分けをして、一人当たり６〜７社、実習先の企業を訪問します。ほぼ全員の学生がインターンシップに行くため、教員にとっては自分の担当している学生が必ず行くことになるので、必然的に教員全員が企業を訪問することになります。

インターンシップを推進する体制

本学が生き残りをかけるには、下位の学生層に対してこそインターンシップが必要で、この層に対応することが肝要であると思って推進してきました。

インターンシップに取り組むときの学長としての私の仕事は、まずインターンシッ

本インタビューに参加した飯塚順一教授ほか湘北短期大学の教員が主力となって編集・作成した、インターンシップの事前指導等のための専用テキスト。湘北短期大学の授業科目「インターンシップ・リテラシー」において教科書として使われているが、その内容は、インターンシップの事前指導を行うすべての大学等に通用する内容で汎用性がある。学生用のほか教員向けの講義用指導書も市販されており、それぞれ900円（税別）と1,200円（税別）。発行：西文社。

プセンター長を務める飯塚教授と同センターの小島コーディネーターの二人を支援することです。

本学のインターンシップ推進体制のポイントとして、専任のコーディネーターのポジションを設け、学生からのすべての相談と企業の窓口を一手に引き受けていることがあります。各教員が煩雑な事務仕事から解放され、事前学習等へ集中するなどスムーズに動けているのは、コーディネーターの存在が大きいと思います。企業からのクレームについては、学生が朝寝坊で会社に来ない時など年間２、３件程度であり、インターンシップ先で問題を起こす学生もいません。学生は、提出物を出す時など必ずコーディネーターの部屋に行くシステムになっていて、学生がコーディネーターと話すことが習慣化されています。

また、インターンシップ担当の飯塚教授は、本当に骨身を惜しんで一生懸命インターンシップのことを考えており、このような人がいるからこの仕組みがうまく回っていると言っても過言ではありません。課題は後任をどう育成するかが私の最大の仕事だと思っています。

インターンシップへの信念

インターンシップの話に限りませんが、できない理由を考えている暇があったら、まずやることです。行動すれば結果が出て善し悪しが分かり、仮に悪い結果となってもそこから改善策が出てきますが、動かないと何も出てきません。じっとして動かないことが一番悪いことです。

学長が企業出身でインターンシップに理解があるからできるという見方もあろうとは思いますが、企業だろうと学校であろうと、経営的には違うものは何もないと強く思っています。企業だから、あるいは大学だから許されるということはなく、経営は皆同じです。インターンシップは本当に必

インタビューを終えて

湘北短期大学は、昨年12月に初めて実施された文部科学省による「大学等におけるインターンシップ表彰」において、短期大学の中で唯一の優秀賞を受賞しました。インタビューにもあるように、学生のほぼ全員が希望してインターンシップに参加することや、インターンシップ関連業務を専門に担当するオフィスコーディネーターの配置、インターンシップ担当以外の教員も含めたすべての教員の実習先訪問などが評価されての受賞でした。

そのトップにおられる宮下学長は、ソニー一筋で39年勤められた後に学長になられた方ですが、インターンシップへの思いを非常に率直に語られ、初対面であるにもかかわらず、ざっくばらんに遠慮なくインターンシップについての本音をうかがうことができて、大変インパクトを感じるインタビューとなりました。

宮下学長の話には、(インタビューの最初の方で「建学の精神」「教育の理念」に言及されたのを除けば)「教育」という言葉があまりでてきませんでした。教育理念はしっかり押さえつつも、インターンシップの実行に向けては、教育という言葉や、「教育だからこうあるべきだ」という論理を使わないで教員等を説得して、結果的に教育改革としてのインターンシップを実現しており、そのことに非常に強い印象を持ちました。

このことは大学と企業との相互理解にとっても、大変示唆的であると考えます。大学側が教員等による内輪の論理でいわゆる「教育論議」をしている間は、経済

要なものだと、インターンシップはやらなくてはならないものである、という強い信念を持っています。大学には学生と社会を接続する機能があります。学生と社会の真ん中に介在するのが大学です。学生に対して社会がどのようなものかを感じてもらうことは大変な意義があり、それを具現化するにはインターンシップが最適である、と考えています。

（初出　文部科学教育通信 No.457　2019 年 4 月 8 日号）

界はその内容を理解することはなく、そのことがこれまで大学側と企業側の対話が十分行えず失敗してきた大きな原因の一つではないかと思われます。その意味で、教育に直接言及をあまりしないで、学生、保護者、企業など誰もがわかる道理に基づいて説明を試み、説得しながらインターンシップに取り組み、実質的に教育改革としてのインターンシップを行っている湘北短期大学の取組は、産学の連携や対話にとっても非常に参考になると思われます。

湘北短期大学においては、①ほぼ全員がインターンシップを希望して参加し、②そのことが全教職員の関わり（一人当たり 6、7 社に必ず行く）を不可避とし意識改革をもたらし、③その流れを学長とそのリーダーシップの下でのスタッフがしっかりコントロールしてインターンシップの取組を運営しています。そして、これら三つの要素が相互に原因となり結果となって、いわば三位一体的にシステムとして機能しており、教育改革インターンシップの取組の理想の一つの在り方がここに表れていると感じました。

湘北短期大学におけるインターンシップの取組は、生き残るための方策として開始されましたが、「教育の理念」を踏まえ、学生のために、実施体制や事前事後指導の充実などを通じて行われている取組はまさに教育的インターンシップであり、学長の強いリーダーシップによる教育改革が「無意識のうちに」実施されています。

今回もインタビューは予定時間を大幅に超過してしまいましたが、宮下学長に長時間にわたって自らの思いを熱く語っていただいたことに、改めて感謝申し上げます。

インターンシップ専門人材実践レポート —— 埼玉女子短期大学

成長を実感できるインターンシップを目指して

金子　美和

金子　美和（かねこ　みわ）
埼玉女子短期大学キャリアサポートセンター長補佐
1999年に埼玉女子短期大学を卒業後、ホテルに勤務し、2001年より母校の職員へ。広報室を経て現職。
国家資格キャリアコンサルタント

はじめに

「履歴書に書けるネタづくりのためにインターンシップに参加したい」、「インターンシップ先に就職できるかもしれない」など、インターンシップ参加希望の学生に本音を聞くと、このような答えが返ってくる。文部科学省の推進する、「教育的効果の高いインターンシップ」とはずれていて、大学側もインターンシップ先で気に入られてそのまま内定をいただけるのはありがたいと思うこともある。

そんな本音が見え隠れする中でも、大学側としては、やはり成長したという実感を持ってほしい、との思いはもちろんあり、学生側も、インターンシップで自分が変われるかもしれない、という期待を持っている。

その点を踏まえて、改めて「教育的効果の高いインターンシップ」を前提に、本学の取組を紹介したい。筆者は2011年からキャリアサポートセンター職員としてインターンシップに携わり、事前オリエンテーションから実習中のサポート、事後の反省会までの学生指導を担当している。1dayインターンシップなど、インターンシップと説明会の同化が問題になっている昨今、CIAC主催のインターンシップ専門人材の研修への参加の機会を得た。企業、大学、学生のそれぞれの思いを受け止めつつ、学生の成長を促すインターンシップを実践することを目標に、インターンシップ専門人材としての役割を考えたい。

形から入って形だけで終わらせない

本学の現在の取組としては、大きく分けて次の二点があげられる。

一つ目は事前オリエンテーションでの丁寧な指導であり、特にマナーと身だしなみ

インターンシップオリエンテーションの内容

	内　容
第１回	インターンシップ手引書、誓約書、履歴書、保険等の説明、企業研究の方法
第２回	身だしなみ　挨拶　礼状の書き方①
第３回	実習企業担当者講演
第４回	出社経路作成　事前訪問について 先輩体験談（グループごとに先輩の話を聞く）
第５回	企業研究発表（レポート提出）出社経路提出
事前訪問	可能な範囲で店舗などの見学を行う。（企業で指定の研修がある場合もある。）
第６回	礼状の書き方②　緊急連絡先・日誌配付、諸注意
実習	実習中１回、教職員の訪問あり。初日と最終日の実習終了後に必ず大学または担当教員に報告。期間中はアルバイトなどせず、実習に専念する。
第７回	実習日誌提出及び報告会

教育である。本学は、㈱ANA総合研究所との産学連携により、元客室乗務員の教員による、エアラインスタイルのマナー教育に力を入れている。昨今では珍しくない産学連携だが、本学は今年で12年目を迎え、昨年度は『マナホス検定』というマナーやホスピタリティに関する本学独自の資格も設けられた。インターンシップに参加する学生に対してのマナーと身だしなみは厳しく教育しており、筆者が初めて事前オリエンテーションに立ち会った時は、客室乗務員の訓練のように思えたほどだ。清潔感のポイントは髪型である。後頭部でシニヨンに髪をまとめるのは当たり前だが、おくれ毛が一本もなく、前髪も斜めに流し、そのままホテルや航空会社に勤務していてもおかしくない。女子学生に髪型やメイクの注意をすることは本人の受け取り方に個人差があり、配慮が必要だ。言葉を選びつつ、時には学生の笑いを誘いながら、学生自身が納得感の得られる指導によって、毎年全員の身だしなみを完璧に近い状態にしている様は、さすが元客室乗務員である。

他にはお辞儀の角度、笑顔などの練習もあり、お辞儀に関しては通称『SAIJO棒』という棒を使って、きれいな姿勢を維持したままお辞儀の練習を行っている。全学生を対象に全学的な意思統一のもと取り組んでいる。大学に入学してお辞儀の練習、と言うと失笑する方もおられると予想するが、これが企業からは好評を得ており、毎年の企業アンケートでは、７割の企業から「礼儀・マナー」の項目で最高評価をいただいている。定員を上回る志願者の要因のひとつでもあり、高校生や保護者からの評価も高い。

ここで、専門人材としてはいかに形だけで終わらせないかという点に力を注ぎたい。確かに、身だしなみや挨拶は、見た目のインパクトが大きく、形から入ることのメリットは大きい。本学の取組の中でも大きなウェイトを占めるマナーとホスピタリティ、身だしなみを見た目の変化だけに留めることなく、社会人基礎力で言うコミュニケーション能力と結びつけ、指導していきたい。本学の三つのポリシーに示されている「他者を慮る精神」の醸成にも通底する。事前オリエンテーションでも指導している、「おしゃれは自分のため、身だしなみは相手のため」という認識の定着と社会人としてのコミュニケーション能力を身に着けさせる仕組みを構築していくことが必要であると考えている。

いかに成長を感じてもらえるか

二つ目に、『キャリア短大』としての取組をあげる。本学は『キャリア短大』として職業意識を備えた人材の育成を目指し、「インターンシップとキャリア短大構想」が2004年度に文部科学省の「現代的教育ニーズ取組支援プログラム（現代GP）」に採択された。2000年度から開始したインターンシップの参加者は初年度39名だったが、毎年増加の一途をたどり、現在では在学生の6〜7割の学生がインターンシップに参加している。

ビジネス系の短大である本学としては、就職状況が本学の生命線であり、全学をあげて就職およびインターンシップに力を注いできた。特にインターンシップ先の開拓と学生への参加の呼びかけには熱心に取り組んでいる。インターンシップへの高い参加率の理由は、各教員の呼びかけや実習先の豊富さ（2018年度は91社の協力企業）などがあげられるが、本学の広報も経験した筆者は、オープンキャンパスからの影響が大きいように感じる。本学に入学する学生の9割は1回以上、多くは2〜3回のオープンキャンパスに参加している。そこで行われる在学生によるスピーチでは、インターンシップに参加した感想を語る学生が多く、自らが経験した苦悩とそこから学び成長した様子をリアルに語っている。楽しいだけでなく、卒業後の進路に向けて充実したキャンパスライフを送る先輩は高校生にとって、憧れの存在であり、入学した暁には、ぜひ自分もインターンシップに参加しようと決意を固めるのである。実際、入学直後の4月中旬に行われるインターンシップの説明会には、ほぼ全員が参加している。イ

入学時に行うキャリア教育の様子

過去５年のインターンシップ参加者数

	春学期参加者数（人）	秋学期参加者数（人）	合計（人）
2014年度	99	121	220
2015年度	94	127	221
2016年度	90	167	257
2017年度	90	134	224
2018年度	114	75	189

ンターンシップの高い参加率は今後も持続していくべきことだが、人数が多くなると問題も出てくる。「みんなが参加するからなんとなく」という動機の学生の割合が年々増えているという現状である。インターンシップ専門人材としての役割はここにあり、動機は不十分であれ、せっかく参加しようと決意した学生を、いかに受け身ではなく能動的に取り組ませることができるか、自己の成長を感じてもらえるか、にある。CIAC 主催の研修を経て、昨年度からの取組としては、目標とその到達の明確化を課題とした仕組みづくりを行っている。事前オリエンテーションの中で、実習先の企業研究と発表を行っているが、そこに自身の目標も宣言させた。昨年度は「実際の現場ではどのような知識が必要なのかを知りたい」、「その職業が自分に合っているのかを知りたい」といった抽象的な目標が多かったので、今年度はより具体的に目標設定できるような仕組みを模索中である。到達という点では、昨年度は日誌に、振り返りの文章に加えて「コミュニケーション力」、「積極性」、「正確性」、「発見力」、「マナー・身だしなみ」の項目別に、どれだけ自己の能力が伸びたか数値化して確認できるようなページを設けた。来年度はこの自己評価を他の参加者や指導教員と共有し、深堀できる時間を設けたいと考えている。

今後のインターンシップの役割

大学、特に本学のようなビジネス系の短期大学の定員割れが注目される中、本学はここ数年、定員を上回る志願者を得ている。様々な要因がある中、インターンシップもその理由のひとつとしてあげられる。本学を志望する高校生の大半は、将来の職業について、専門学校に行くほど目標を絞れず、大学にいくほど時間に余裕があるわけではない。興味がある分野への就職を前に、授業やインターンシップを通して、職業理解や自分の適性を見極めたいと考えている。そのような希望を持った学生に対して入学後、就職活動が始まるまでの半年間で、どこまで将来の夢を見つけさせられるかが大きな課題である。憧れの職業を実際に体験することによって得られることは貴重で、早期離職の防止にも役立ってきた。しかしながら、昨今では、インターンシッ

埼玉女子短期大学
学校法人川口学園が設置する本学は、埼玉県日高市にあり、商学科と国際コミュニケーション学科の２学科を設けている。現在、約700名の学生が在籍。今年、開学30周年を迎える。姉妹校として、早稲田速記医療福祉専門学校（東京都豊島区）がある。

プに参加することによって、その職業の負の面が強調され、やりたいことが余計に分からなくなる学生の増加が問題となっている。同時に最近は、なるべく５日以下の短期間の実習を望む声が増えている。短期間で成長を実感するのは難しい。５日間では、表面的なことしか学べない。それでは制服を着て、憧れの職業を体験するだけの、言わば大学生版キッザニアである。この傾向に危機感を感じ、改善すべく模索中である。今年度の取組としては、実習生を企業に丸投げするのではなく、企業と協同で内容を吟味するための企業訪問と、インターンシップ参加希望学生に対して申し込み前に綿密な事前面談を予定している。インターンシップを通して、就労意欲の向上を図り、今後の課題を明確にさせることは大前提である。その上で、インターンシップが単なる職業選択のツールではなく、生涯にわたっての方向性や目標を見つけられる場となることが願いである。

企業とのつながり、協働

本学は、「企業に近いキャリア短大」として社会から求められる人材の育成に力を注いでいる。前述した、元客室乗務員によるマナー＆ホスピタリティ教育、産業界からの講師陣による実践的な授業を展開してきた。インターンシップにおいては、90を超える受け入れ企業がある。インターンシップ開始当初は、受け入れていただく側として、企業の要望を多く取り入れていた面が大きかった。特に、就職氷河期には１人でも多くの学生の内定に結びつくよう、いかに企業に好印象を持ってもらえるかに腐心してきた。だが、これでは、「教育的効果の高いインターンシップ」からは離れ、採用活動と直結した面が際立ってしまうのも否めない。採用活動との結びつきを全面否定するつもりはない。むしろ企業側も大学側も、学生も期待するところである。インターンシップ専門人材として、こうした傾向を踏まえ、だがしかし、それでも学生自身の学びや成長を促せるインターンシップを企業と協同して創り上げることが、使命と考えている。実際のところ企業にとって、インターンシップの受け入れは重荷であり、いかにメリットを感じてもらうか、またはそのメリットを作り出せるかという点も専門人材の役割として捉えたい。「学生が入ることで、新入社員が成長した」、「新しい視点で意見をもらえた」などと言っていただける企業はまだまだ少数で、中にはアルバイトと変わらないただの労働力とみなしている企業も存在する。短期大学の場合、半年という短い期間の授業の後にインターンシップに参加するという構造上、学習の成果を活かせる面は少ない。だが、若い感性や感覚を活かし、自分がどのように社会に貢献できるのか、あるいは貢献したいのかと、真摯に向き合う学生もいる。アパレル業界などはその好例で、知識やスキルの不十分さに気づきつつも、自分の体験や感性を活かし、やりがいを発見している学生もいる。企業側にとっては、他の社員の刺激となり、売り上げへの貢献につながった事例もある。

今後は、いかに企業側に学生を教育することのメリットとやりがいを感じてもらえるかを焦点に、プログラムを構築する必要がある。そのために、担当者の声を聞き、企業とのコミュニケーションを密にとることが欠かせない。

おわりに

インターンシップ担当も８年目に入り、なかばルーティーンワーク化していたところ、専門人材の研修を受け、更に今回このような機会をいただき、本学の取組を振り返るよい機会となった。本学のような小さな短期大学の取組が、他大学に当てはまるかは甚だ疑問だが、少しでも参考にしていただければ幸いである。インターンシップ専門人材としての筆者自身の夢は、「インターンシップ」、「授業」、「採用活動」の三つがバランスよく同時に実践できるシステムを作ることである。新卒一括採用の枠を超えて、個々のタイミングで学ぶ期間と就職する時期を決められることが理想である。インターンシップが学生にとって、社会への橋渡しとなり、生涯にわたる生きがいや、やりがいを見つけられる機会となるよう、専門人材としてその場を提供し続けていきたい。

（初出　文部科学教育通信 No.460　2019 年 5 月 27 日号）

インターンシップ専門人材実践レポート —— 湘北短期大学

成功するインターンシップと専門人材

小島　裕子

小島　裕子（こじま　ゆうこ）
湘北短期大学　インターンシップセンター
オフィスコーディネーター
商社勤務を経て2007年より現職。事前・事後学習授業全15回のコーディネートも担当。国家資格キャリアコンサルタント、産業カウンセラー

はじめに

「社会でほんとうに役立つ人材を育てる」この教育理念のもと、元々キャリア教育に力を入れている本学がインターンシップをはじめたのは1993年。今年で27年目になる。筆者がインターンシップセンターの担当になって13年目となり、湘北インターンシップの歴史のほぼ半分を担当してきたことになる。

着任当初は、各学科の教員がそれぞれのやり方で、企業と交わす書類も、評価の項目もすべて異なっていた。私は、それらの書類の統一化とデータ集計のみを担当していた。ところが、企業からの連絡に授業で外している教員の代わりに用件を聞くうちに、企業窓口を一本化することで、もっとスムーズに業務が進むのではないかと思い、企業窓口も担当したところ、今度はインターンシップに行く学生のことを聞かれることが増えてきた。しかし、学生のことは担当教員でないと全くわからない。これでは企業から「この人は学生のことも知らないで、インターンシップの依頼をしているのか」と信頼が得られないと思い、思い切って教員に相談し、授業への参加や、提出物の管理など、学生と関わる機会を得ることができた。このように業務の範囲を「対教員」→「対企業」→「対学生」と広げていき、いつしか「コーディネーター」という名の“インターンシップなんでも屋”ができ上がった。

ここでは、このコーディネーターが介入することで、学生のインターンシップがより有意なものになるその手法についてご紹介したい。

多数かつ多様な学生を送り出す体制

2018年度のインターンシップ参加学生

数は374人。参加率は99.2%とほぼ全員がインターンシップに参加したことになる。複数回インターンシップに参加する学生もいるので、延べ人数にすると643人がインターンシップに参加した。

本学のメインは１年生の2〜3月に実施する「春季インターンシップ（短期）・（長期）」であり、単位認定された正規科目である。

このプログラムに参加するには、事前学習授業である「インターンシップリテラシー」の履修が必須である。90分授業を15回実施し、全体の底上げを図る。授業はグループワークが中心で、学生が能動的に行動できるよう知識だけではなく、実践できる内容を多く取り入れている。

2019年度　「インターンシップリテラシー」授業計画

	内　容
1	オリエンテーション 「インターンシップチャレンジシート」その他配布・説明
2	テキスト第１章　インターンシップとは 「インターンシップチャレンジシート」提出＜プレゼンテーション面接＞について
3	テキスト第２章（前半）　コミュニケーションスキル 「希望実習先調査」配布
4	テキスト第２章（後半） メール返信トレーニング(1)
5	テキスト第３章　業種・職種研究 「希望実習先調査」提出　機密情報の取り扱いについて
6	テキスト第６章　インターンシップのための履歴書 「インターンシップ学生自己紹介書」用紙配布　メール返信トレーニング(2)
7	テキスト第５章（前半）　（先輩の体験から学ぶ①） 「インターンシップ学生自己紹介書」提出
8	＜プレゼンテーション面接＞
9	テキスト第５章（後半）　（先輩の体験から学ぶ②） 「インターンシップ学生自己紹介書」返却
10	テキスト第７章　社会人としての自覚とコミュニケーション 「インターンシップ学生自己紹介書」再提出
11	テキスト第４章 ２年生によるインターンシップシンポジウム
12	テキスト第８章（事前訪問の目的と注意点）
13	テキスト第９章（直前にすべきこと・実習中に気を付けること） 機密情報の取り扱いについて(効果測定)、メール返信トレーニング(3)
14	＜実習先別事前訪問顔合わせ＞について 「インターンシップ評価記録」配布
15	テキスト第10章（インターンシップ終了後にすべきこと） 最終回ガイダンス
✿	事後学習：インターンシップ報告会

この事前学習授業には厳しいルールが設けられており、無断欠席２回、提出物の未提出に該当した場合、インターンシップに行く権利を失う。それは、事前学習の段階から、社会人として重要な時間管理、期限を意識した作業、そして、「報・連・相」を定着させるためでもある。これだけ多くの学生をインターンシップに参加させるためには、事前の準備つまり事前学習が非常に重要になってくる。残念ながら全員のモチベーションが高いわけではない。だからこそ事前学習授業にとことんこだわり、15回の授業の作り込みにもコーディネーターとして参画している。さらに、教員とは違う立場で普段学生と接しているコーディネーター目線で、教員とともにテキストの執筆も行った。

様々な工夫により事前学習授業で脱落者が出ないようケアすることで、昨年の15回の授業の平均出席率は97.8%と大変高い出席率となっている。

プレゼンテーション面接

１年生の事前学習の中で特に特徴的なものを二つ紹介したい。まず一つ目は「プレゼンテーション面接」である。事前学習授業「インターンシップリテラシー」の1コマを使って行われる「プレゼンテーション面接」は、履修者全員が参加しなければならない。この一見聞き慣れない面接で、学生は、オーディションのごとく、様々なかたちで自分を表現する。学生は自分についてと自分の強みをインターンシップでどう生かすのかをプレゼンテーションする。プレゼンテーションの方法は手作りの視覚資料を用意しなければならないこと以外はすべて自由とし、そのプレゼンテーションした内容について面接を受け、最後にグループの学生全員で振り返りを行うというもの。私たちは、この「プレゼンテーション面接」により、普段気付かなかった学生の能力、特徴に気付かされる。学生をより深く知るチャンスであり、実習先を決める上で貴重な情報となる。

そして、この「プレゼンテーション面接」のもう一つの特徴が、面接官が半年前にインターンシップを終えた2年生の先輩であること。以前は、キャリアコンサルタントの有資格者100人ほどに協力いただき実施していたのだが、面接官を2年生にすることで、1年生にとっては身近な目標ができ、また半年後には社会人になる2年生にとっても、1年生を指導することは大きな学びとなる。2年生に面接官をさせることになったとき、正直無謀なチャレンジだと思われた。しかし、2年生は毎年その役目を立派に果たしてくれている。先輩から面接を受けた1年生が2年生になったとき、自分も面接官をやりたいと申し出てくる学生も多く、身近な存在がとてもいいお手本となっている。この面接官を担当する学生の指導もキャリアコンサルタントとして筆者が行っている。

「港北インターンシップ」を支えるオフィスコーディネーターの機能イメージ

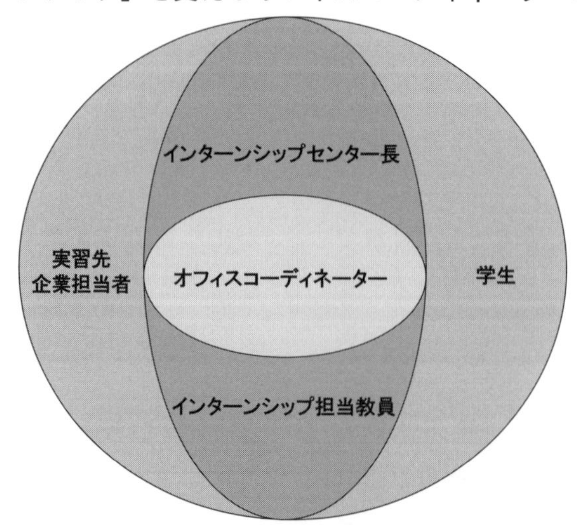

球体の中心部分にオフィスコーディネーターが存在し、実習先企業の担当者や学生が回転しながら(状況に応じて動きながら)、インターンシップセンター長や担当教員等と協働するイメージ図である。オフィスコーディネーターが軸となっているため、周囲の動きは安定し、問題が発生してもオフィスコーディネーターを介して迅速な対応が可能となる。

メールトレーニング

そして、二つ目は昨年から事前学習授業の中に取り入れた「メールトレーニング」である。学生たちはLINE世代のため、普段メールにあまり馴染みがない。受け取ることはあっても自分から発信する機会がない。このトレーニングを始めたきっかけは、実習中の企業と学生のやり取りのメールを企業担当者がCCで筆者に送ってきたことにある。

企業担当者が学生に対し、とても丁寧に翌日の業務の指示をしてくださっているメールに対し、学生は一言「わかりました」のみの返信であった。それまで、ビジネスメールについて他の授業で習っているので大丈夫だと思い込んでいたので、この文面には背筋が凍った。もしかしたらこの学生だけではなく、他にもこういう対応をしている学生がいるかもしれない。その思いから履修学生全員の「メールトレーニング」を担当することにした。やってみると嫌な予感は的中した。まさにLINEと変わらない内容であった。「希望者は全員参加できる」ということは、このような学生への対応が必要だということになる。学生から送られてくる内容から多くの共通点を見つけ、授業内で指導する。そしてまたメールのやり取りを繰り返した。そのうちにみるみる文面が整っていくのを実感した。

定型が定着し、きれいな文章が書けるようになる。そして、そのうち相手を気遣う一言までも入るようになる。これは、単にビジネスメールの訓練だけではなく、言葉のバリエーション、その場に合った言い回し、そして、コミュニケーション力の向上にも役立つと思う。一歩一歩ではあるが、専門人材としてこのようなことからも、学生そして教員のサポートができると思う。事前学習授業を欠席する際にもこのメール連絡を必須としているため、前述の「無断欠席」については、この連絡をきちんとすることでカウントされない。

2年生が1年生を教える「インターンシップティーチング」

2年生が関わる事前学習で特徴的なプログラムとして挙げられるのが、正規科目の

2年生が1年生を指導する「プレゼンテーション面接」

「インターンシップティーチング」である。科目名からして独特であるが、これは、1年生が履修する事前学習科目「インターンシップリテラシー」全15回のうちの数回分を「インターンシップティーチング」の履修学生である2年生が企画し、指導するというPBL形式の科目である。

前述の「プレゼンテーション面接」で、2年生を起用することが想像以上に有効であったことから、さらに2年生の自主性を高め、より一層の責任のあるプログラムに参加させようと計画し、2019年度よりスタートしている。2年生は、インターンシップを体験した上級生ならではの実施計画を練り、実行すべく奮闘している。その際の1年生に対するコミュニケーションの取り方を「インターンシップティーチング」担当教員のみならず、学生指導のヒントをコーディネーターにも確認に来る。これは、コーディネーターが1年間インターンシッププログラムを通じて、長期間にわたって多角的に彼らに関わってきたことと、2年生が自らの視野や思考の幅を広げた証しともいえる。コーディネーターとしての役割がまた一つ増えたと感じている。

企業とのつながり

新規企業開拓もコーディネーターの仕事として行っている。受け入れ先企業には自ら足を運び、企業窓口の担当者、現場の担当者から直接話を聞くようにしている。その話の中から多様な学生の受け入れの可能性、また双方にとってのメリットを見つけ、プログラム開発に生かしている。これまで長く学生を受け入れてくださっている企業でも、担当者が代わるとそのやり方も変わる場合がある。その時はその都度すり合わせをし、これまで通り、あるいはもっと良いかたちでの受け入れの可能性を探る。つまりは、担当者が代わっても長く付き合えるよう連携を密にし、信頼関係を築くことで、学校としての要望も伝えやすくなる。「教育的効果の高いインターンシップ」を実現するには、企業主導ではなく、学校として学生の学びにつながる実習内容を提案、実施していただけるような関係性を築くことが重要である。

また、実習中は全教員（インターンシップ担当教員だけではなく、全学科全教員）とコーディネーターで全実習先を訪問する。昨年は123社175拠点を訪問した。実際に学生が実習する姿を目にし、現場の担当者、学生から直接話を聞き、調整することで、次年度以降あるいは残りの実習期間がさらに有意義なものになる。

インターンシップセンター
サポートオフィス開設

本学では、2017年よりコーディネーターが常駐するインターンシップ専門のオフィスを開設した。当初の目的は、インターンシップに関する学生相談に対応するためだったが、今では企業担当者も気軽に立ち寄れる場所となっており、プログラムの打ち合わせや企業と学生の顔合わせ、教員との打ち合わせもここで行われる。

学生に対しては、インターンシップ情報の閲覧、また各種イベントの申し込みなど、学生が常にインターンシップセンターサポートオフィスを訪ねて来る工夫をし、インターンシップに関する相談のみならず、体調面、交友関係、家族関係など様々な悩みを持つ学生の相談に対応している。常に学生に関わり向き合うことで、最善のサポートができると思う。

インターンシップに学生を送り出すには、テクニカルな部分は教員が担当するが、メンタルの部分はコーディネーターが担当し、一人の脱落者も出さないようケアすることを心掛けている。

また、インターンシップを終え、就職活動中の学生が立ち寄ることも多く、その際には学生の状況を把握し、キャリアサポート課と情報を共有することで、就職活動もサポートしている。卒業生の来室も多く、後輩たちへのアドバイスをもらういい機会にもなっている。

おわりに

インターンシップを担当して13年目となり、大体の体制が整って少し満足しかかったころ、JASSOの「インターンシップ専門人材セミナー」と、CIACの「インターンシップの推進に係る専門人材研修会」に参加する機会を得た。これまでの業務を振り返り、整理し、他大学の取組に刺激を受け、また新たにもう一段上のインターンシップを考えるきっかけとなった。インターンシップに関してこれほどまで熱く語り合える仲間ができたのも大きな収穫だった。セミナー参加と時を同じくして「大学等におけるインターンシップ表彰」で本学が優秀賞をいただいた。この受賞を機に、ありがたいことに専門人材の役割、必要性を広く知っていただく機会も増えた。

大学の規模、地域性、学生の専門性によってインターンシップのやり方は少しずつ違ってくる。本学のインターンシップは「湘北ならでは」ということを考え、今のかたちが作られてきた。本学の学生に何が足りなくて何を足せば教育とキャリアの両面を満たすことができるのか、今後も学生の気質や周囲の状況に応じて、常に学生にとってベストな「湘北ならでは」を考えるのもコーディネーターの役割のひとつではないかと思う。

インターンシップを通じ、学生が自分のキャリアについて考え、判断し、実行するためのきっかけをつかめるよう、最善のサポートをするため、専門人材としてさらにブラッシュアップしていきたい。

（初出　文部科学教育通信No.469　2019年10月14日号）

湘北短期大学
総合ビジネス・情報学科、生活プロデュース学科、保育学科の３学科があり、学生数は1,060名（令和元年５月現在）1974年ソニー株式会社の寄付によって設立され、「社会でほんとうに役立つ人材を育てる」ことを教育の理念として掲げている。

第５章

新たな時代のインターンシップと専門人材

経済産業省 経済産業政策局 産業人材政策室長 能村幸輝氏インタビュー

令和時代の新たなインターンシップに向けて

松高　政（取材・構成）

能村幸輝　氏
経済産業省　経済産業政策局産業人材政策室長
東京大学法学部卒業、2001年経済産業省入省。人材政策・税制担当、エネルギー政策・資源外交担当、原子力被災者支援担当、大臣官房総務課政策企画委員などを経て、2018年より現職。

インターンシップを分類し、地に足がついた議論が必要

現在のインターンシップは、とても多様で、多くの要素が入り過ぎており、混乱しているように思います。会社説明会的なワンデー・インターンシップから、PBLのような実践型のもの、もしくは実際にプロジェクトに参画し社員と同じように取り組むものまで、多岐にわたり、期間もさまざまです。それをインターンシップとして一括りに議論するのは現実的ではないと思います。分類、カテゴリー分けをし議論しないと、単なる言葉遊びになってしまう危惧があります。

少し前になりますが、経済産業省でも平成25年度に「教育的効果の高いインターンシップの普及に関する調査」を行い、**右図**のような分類を行い議論しました。この分類が正しいかどうかは別にしても、形態によって実施目的が異なってきますし、その目的を明確にし、関係者が共有することはとても大事なことです。その出発点のないところで議論をしても、空中戦の議論で終わってしまいます。

それでも、キャリア教育、インターンシップについて言えば、10年前とは、見えている風景が大きく変わってきている気はします。プログレス（進歩）はあるのですが、その一方で、玉石混淆と言ったらちょっと乱暴ですが、量は増えたけれど、質はどのくらい変わったのかという疑問もあります。玉石混淆の中で、どれが成果を上げている取組なのか、それを抽出する作業は地味ですが、きちんとやっていかないと、その先につながっていかないと思います。い

第1章 教育的効果の高いインターンシッププログラム

要件（1）　企業・大学・学生の三者で実施目的を明確に共有

国内のインターンシップには多様な形があり、それぞれ実施目的が異なっている。代表的なものとしては、①体験を中心としたキャリアガイダンス型、②実践を重視したキャリア教育型があり、それぞれの実施目的に応じて活用されている。どのような実施目的であっても、それを明確にし、関係者が理解することが必要である。

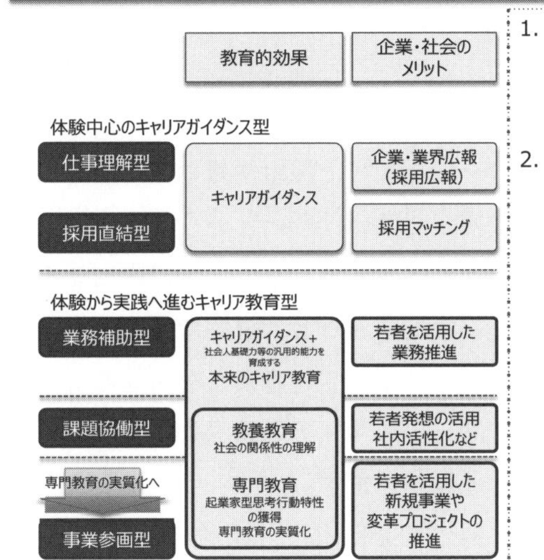

1. キャリアガイダンス型
   1. 仕事理解型：採用広報のためのインターンシップで、業界や企業について総合的に理解することを目的とする。
   2. 採用直結型：採用活動の一環としてミスマッチを防ぐ目的で実施される。
2. キャリア教育型
   1. 業務補助型：企業の通常業務に学生が取り組むことで、仕事の意義や取り組み方、基本スキルなどを学ぶ。内容やマッチングで学びの質が大きく左右される。
   2. 課題協働型：現場での活動と教室でのワークや議論を反復して、特定課題に対する調査、企画提案等を行う。社会人基礎力等の汎用的能力の育成に主眼が置かれている。
   3. 事業参画型：企業の新規事業や社内変革プロジェクトに参画することで、汎用的能力に加え、起業家型思考行動特性の獲得や高度専門教育の実質化を目指す。

平成25年度経済産業省研究委託事業「教育的効果の高いインターンシップの普及に関する調査」

い事例には、専門人材のような必要なプレーヤーがいて、継続的なカリキュラム改善だったり、評価といった要素を兼ね備えているでしょう。そのような一定の質が担保されたインターンシップがどれだけ増えているかという面で見ると、確かに全体の量からすると、その割合はあまり変わっていない可能性はあるかもしれません。

また、産業界を取り巻く環境も、人生100年時代、AI、Society5.0と言われる社会にあって、その変化につながり、適応できるような、そういった人材の育成を産業界は大学に期待しています。大学の学業もしっかりと体系的に学び、その習慣を、継続的に行うことができる人材への期待は相当高まっています。インターンシップの内容も、そういった変化への適応だったり、自分の知識を活用した時、それが上手くいかなかったら、では、どういう学びをさらに自分の中で工夫してやるのか。そういうところが、学生のみならず、企業も大学も、お互いが確認できるような、そういった場になってくると、これからの時代観にフィットするような気がします。

これからの社会を見据えたインターンシップの幕開けに

今後の方向性として、会社の中の雇用コミュニティが多様化していきます。中途採用、ジョブ型でのキャリア採用、外国人が増えていきます。AIに代替される業務ではなく、人間として付加価値を出すような業務にフォーカスし、考えていく必要もあります。インターンシップは人間にしかできない付加価値の出し方とは何だろうということを考える機会になっていくべきです。エクセルやワード、パワーポイントが上手いというよりも、将来自動化されていく業務ではない、まさに異質な人たちが議論しながら、これまでないものをゼロから生み出すような重要性を、インターンシップを通して、学生に実感として伝えていくことが重要です。そのような役割を、例えば、これまではPBLが担ってきたのかもしれません。しかし、多様な人たち、自分と違う意見とのぶつかり合いの中でゼロから一を生み出すような取組を実践する場としてインターンシップは最適だと思います。

ただ、インターンシップをそのような場にするには、企業側もかなり手間がかかるので、その手間をかけるインセンティブ構造が必要となります。一方で従来型の単なる会社説明会をインターンシップと呼ぶのか、もう少し別な位置づけ、名称にしていくというのも一つの方向性だと思います。採用との関係を含め、インターンシップ自体の在り方がより一層問われてくると思います。

人生100年時代、Society5.0と言われる社会にあっては、インターンシップの在り方そのものを問い直し、また、採用等の関係も含めて問い直すところにきているのではないかと思っています。まさに令和の始まりに合わせて、インターンシップ自体も新たな時代の幕開けとなるのではないでしょうか。

インターンシップは、大学での学びを試す場

インターンシップと採用の問題については、いろいろと議論はしておりますが、筋論から言えば、キャリア教育の一環、学業の一環なので、採用情報や採用活動に直接に使ってはいけないということです。しかし、大学新卒の3割は3年以内に離職している状況をみると、短期で同じベルトコンベヤーに乗っているような現在の就職活動では、ミスマッチが発生するのは当然のような気がします。

例えば欧米では、卒業後にインターンシップを長期で経験し、就職活動を行うのが典型的なパターンです。仮に、日本もそれに見習って、インターンシップが採用と連動するかたちで行う。ただ、それは卒業後ということであれば、特に今の規定上は問題ないのだと思います。しかし、それが大学生のうちの学業期間を犠牲にして行われてはいけません。むしろ、学業を優先して、しっかりと知の体系の中で学ぶ習慣を身につけることが、会社に入った後も重要なのです。今、会社に入って一番困るのが、社員が学ばないことです。学ばない理由が、時間がないとか、お金がないとかではなく、特に理由がないのです。だから、働き方改革で時間が捻出されても、別にその時間をスキル、キャリアの向上として、学びに使うのではないのです。ですから、大学で主体的に学び、変化に応じて学び続けられるように、大学教育、インターンシップ

を通じて、しっかりと身につけていくことはとても重要です。

大学時代に知の体系を作り、それを実際に産業界の場で適応してみることが、本来的なインターンシップの意義、価値だと思っています。しかし、そうではないインターンシップが多数を占め、採用と直結すると言われると、それはやっぱりダメだと言わざるを得ません。本来あるべきインターンシップとしては違います。一定の学業を修め、それを実際に適用するかどうかを確かめる機会として、欧米型の長期のインターンシップに参加し、結果として採用につながるというのが、一番スムーズなのではないかなと思います。

ただ、例えば、大学院とか、大学3年生後半とか、ある程度、自分の専門を学んだ段階で、そういう長期のインターンシップをしながら、採用につなげていくということは可能性としてあると思います。しかし、最初に申し上げたとおり、インターンシップを区分けした上で、丁寧に議論していくことが不可欠です。ワンデーから2、3週間、半年のものまで、全部同じではありません。その中で、どういったものであれば必要な学習環境をきちんと確保でき、採用につなげていくのかという点については、企業、大学でしっかりと議論、検証していく必要があります。そういったところがないまま、企業の側もインターンシップを全て採用にひも付けると言い出してしまえば、それはあまりにも乱暴な議論になってしまいます。ただそこには、インターンシップという言葉があまりにも多義的過ぎるというところにも課題がありますが……。

地方は「面」で戦い、成果を上げる

地方では、個別の大学、個別の企業で取り組むのは難しいので、「面」で取り組む必要があります。例えば、地銀があり、そこを取り巻く製造業社、地域商社といった複数社が一緒になってインターンシップに取り組む。その音頭取りは自治体、もしく

「人生100年時代の社会人基礎力」の概念

「人生100年時代の社会人基礎力」は、これまで以上に長くなる個人の企業・組織・社会との関わりの中で、ライフステージの各段階で活躍し続けるために求められる力と定義され、社会人基礎力の3つの能力／12の能力要素を内容としつつ、能力を発揮するにあたって、自己を認識してリフレクション（振り返り）しながら、目的、学び、統合のバランスを図ることが、自らキャリアを切りひらいていく上で必要と位置付けられる。

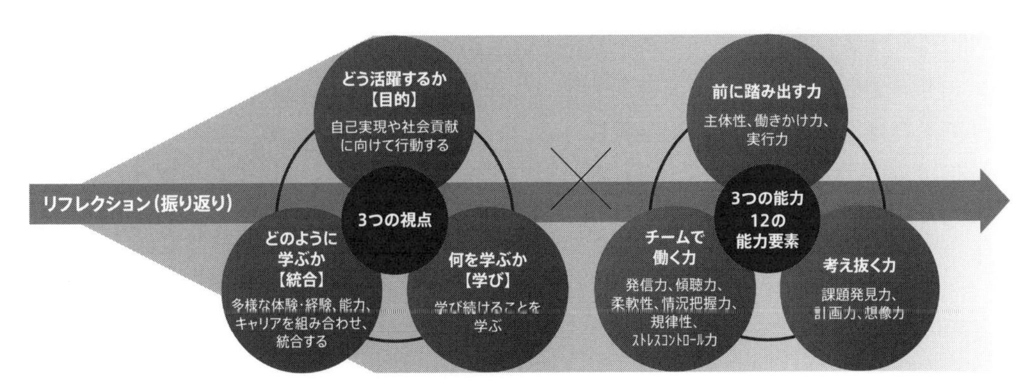

は地銀が担っていく可能性があると思います。地銀にとっても顧客である地域の企業に人が入り、事業継続性があれば、その地域の基盤にもなっていきます。例えば、会社説明会でも１人の学生を１社だけで受け入れるのではなく、複数社で交替で受け入れると、面的にその地域の企業群を知ることになります。地方創生などの交付金を活用すればできるようなこともあると思うので、まさにアイデア勝負という気はしています。

地域未来牽引企業のような、経済産業省から選定された企業や、ローカルにいながらグローバルに戦っている企業にも入ってもらい、大企業と違い、いろいろな仕事をリアルにやっている人たちを身近に見ながらインターンシップもできますので、大企業とは違ったインターンシップを位置付けていくこともできるはずです。

１社ではなく、地域で見ると世界で戦っている企業群があります。そういう企業群と、拠点大学が、産学協働によって連携していく。大企業対一中小企業だと戦えないですから、どのようにして面展開していくのか。大学と企業がどう協働し、地の利を生かしていくのか。地方の反逆ではないですが、頑張りどころですし、そこを頑張らない限り、地方であることのインセンティブ構造自体変わっていきません。企業の側も人材確保は経営の最優先課題ですので、インターンシップも一つのきっかけにして、そういうコミュニティやネットワークをつくり上げていくことに取り組んでほしいと思います。

インターンシップと社会人基礎力

職場・地域社会で多様な人々と仕事をしていくために必要な基礎力として「社会人基礎力（＝３つの能力・12の能力要素）」を定義しました。実際にチームで仕事をしていく上で必要な要素とは何だろうと振り返りをしていく上では基礎力的なものの見方、物差しというのは有効だと思います。企業側にとっても、人生100年時代、ミドルになっても会社や、組織を超えて持ち運びができる力として位置付け直し、そのためのリフレクションを繰り返しながら、自分の強み・弱みを見つめ、強みを伸ばしていく上で、一つの参考になる物差しとなるはずです。インターンシップでも、チームで働く上で、自分は人の何を引き出すのか、巻き込むのが得意なのか、自分の強みを振り返っていく上でもとても使えます。インターンシップでも基礎力を育成する要素がかなり含まれていますので、リフレクション、振り返りが深まっていくと、その中で、また、新たな学びにつながっていくという、好循環を生み出していくことになると思います。

人材育成としてのインターンシップ

今後、外部労働市場で人が採れなくなると、産業界は変わらざるを得ないです。これまで四苦八苦しながらも何とか採用できましたが、採用できない状況になると、事業の継続性を考えたときに、人を採るために自分たちはどのように変わらなくてはいけないのかという問題に、より深刻に直面します。そのときに変われない企業は、多分、淘汰されていくしかないでしょう。人材こそが日本で最大の希少価値のある資源なので、生き生き働け自分が成長できる企業に人材は集まります。

それぞれの企業が、人材をどのように考え、位置付けていくのか、そこをしっかりと、意識化、もしくは危機感を持って実行するのかが分かれ目です。危機感を持っても実行しない人はたくさんいます。これは、企業側だけの問題ではなく、大学側も同じです。地域でどのような人材を育成していくのか、危機感を持って、企業と大学が協働して取り組んでいく。その結節点となるのがインターンシップです。危機感を持って、本気で取り組んでいくところに人材が集まり育っていくはずです。そのような取組が、全国各地で生まれてくることを願っています。

（初出　文部科学教育通信 No.468　2019年9月23日号）

インタビューを終えて

一般社団法人産学協働人材育成コンソーシアムでは、インターンシップ専門人材研修会を開催している。まわりからの理解も協力もなく孤軍奮闘されている参加者も少なくない。全国にこのような実践者が点在している。この“点”を、“面”としてつなげていくことはできないだろうか。専門人材を“群”として、大きな力にすることはできないだろうか。これが、私がこの組織を設立した大きな理由の一つだ。

一人の専門人材の力には限界がある。専門人材が“群”として、発信することで、個人ではなし得ない、学内、地域、そして広く社会からの認知が得られる。同じような課題、解決策等も共有することができ、結果として成果を高めることになる。専門人材のコミュニティが徐々にでき上がりつつあり、認知度も高まりつつある。しかし、まだまだ不十分で、さらに時間がかかるであろう。

「地方においては面で戦え」。能村氏の指摘と同じだ。“面”が難しいのは、関わる人が増えれば増えるほど、様々な考え方、思惑も出てくる。それをどのように調整し、まとめていくのか、至難の業である。しかし、上手くまとまれば、1＋1が2以上の力となっていく。人材育成については、待ったなしの状況である。知恵を出し合い、好事例を一つずつ生み出していくしか方法はないであろう。地味に、着実に、辛抱強く続けていきたい。

連載を終えて——今求められるインターンシップと専門人材

松高　政

学長と専門人材は、大学教育を変えるインターンシップの両輪

今年の1月からスタートしたシリーズ「大学教育を変える、未来を拓くインターンシップ」。「学長が語るインターンシップ」と「専門人材実践レポート」という二つの連作を交互に掲載してきた。全20回の連載は**表**の通りである。「学長が語るインターンシップ」では、インターンシップを大学教育として位置づけ、高い教育的効果によって学生を育成し、大学教育を変えていこうとする、先駆的な取組をしている6人の理事長、学長に登場いただいた。大学のトップとしてインターンシップ、大学教育に対する想い、持論、哲学、リーダーの役割等について、大所高所から語っていただいた。

第1回でも書いたが、「結局、大学のトップが理解してくれないと限界がある……」という、インターンシップ専門人材研修会の参加者からよく聞く嘆き。しかし、自分の大学の学長は残念ながら理解がないが、全国にはこんなにも想いを持ってインターンシップに取り組み、大学教育を少しでも良くし、学生を育てようとしている理事長、学長がいることに、多くの読者は励まされ、勇気をもらえたと思う。これからも教育的なインターンシップにしっかりと取り組んでいこうと、決意を新たにされたことを願う。

「専門人材実践レポート」では、8人の専門人材に、学内外での役割、業務、その結果、どのような教育的効果が生まれたのか。その過程でどのような課題に直面し、対応しているのか。その悪戦苦闘の様子をレポートしてもらった。どれも大いに参考になるものばかりであった。今回の連作を執筆したことで、学内でのインターンシップと専門人材への理解が促進され、プログラムの改善が進んだという、当初は予想していなかった大変喜ばしい副次的な効果も生まれた。

学長インタビューから得られたインターンシップへの想い、励まし、専門人材レポートから学んだ、地道な取組からしか効果は得られないという説得力ある実践。これらを誌面だけではなく、もっと広く知ってもらいたいということで、今年7月12日に、本シリーズと同じタイトル「大学教育を変える、未来を拓くインターンシップ」でフォーラムを開催した。本連載のライブ版である。

本連載に登場いただいた三重大学の駒田美弘学長、湘北短期大学の宮下次衛理事長に鼎談として、誌面以上の熱い想いを語っていただいた。その後のパネルディスカッションでは４人の専門人材に登壇いただき、誌面では伝えきれなかった実践を紹介いただき、参加者も熱心に聞き入っていた。

専門人材と学長、この両輪があって初めて大学教育を変えるインターンシップが実現する。そのことを本連載からも、フォーラムでの学長、専門人材の発言からも、強く感じた。

インターンシップと採用のつながり

今後のインターンシップと専門人材の役割と重要性を二つの点から考えてみたい。一つは、採用との問題。二つ目は、海外との比較である。

まず一つ目の採用との問題である。現在、インターンシップといえば、採用に直結させていいのかどうか、という議論は避けて通れない。実質的に、就職活動のファーストステップとなっている現状は否めない。

企業主導の1Day インターンシップといった就職活動色の強いインターンシップに学生が流れてしまい、大学が主導する正課型のインターンシップに学生がなかなか集まらない、という話はよく聞く。関西のある大手私立大学は、正課型インターンシップは全て廃止し、就職活動につながるインターンシップにシフトする、と方針転換した。このような

第１回	解　説　編	CIAC代表理事	松高　政	はじめに ーインターンシップ2.0
第２回	解　説　編	JASSO学生生活部長	頼本維樹	大学教育改革としてのインターンシップは、なぜ必要か
第３回	解　説　編	CIAC理事	川島啓二	大学教育改革とインターンシップの問題構造
第４回	学　長　編	三重大学学長	駒田美弘	インターンシップ、やらない理由は何ですか？
第５回	専門人材編	静岡大学	宇賀田栄次	「悪戦苦闘」からの思い
第６回	学　長　編	湘北短期大学理事長	宮下次衛	「教育」をあまり語らない、教育改革インターンシップ
第７回	専門人材編	岐阜協立大学	田部良司	学生と企業が共にメリットを実感できる事業へ
第８回	学　長　編	長岡技術科学大学学長	東　信彦	「実務訓練」から技術者を育成させるインターンシップ
第９回	専門人材編	埼玉女子短期大学	金子美和	成長を実感できるインターンシップを目指して
第10回	専門人材編	島根大学	田中久美子	地方国立大学における約６年の実践を振り返って
第11回	学　長　編	昭和女子大学理事長	坂東眞理子	学生フォースとの大学を目指して
第12回	専門人材編	尾道市立大学	八坂徳子	学生がエンパワメントされるインターンシップを目指して
第13回	専門人材編	広島文教大学	小原寿美	専門人材としての役割、意義、課題、想い
第14回	学　長　編	九州産業大学学長	榊　泰輔	「基盤教育」が人を育てるインターンシップ
第15回	専門人材編	北翔大学	小川美夏	大学教育と働くことをつなぐインターンシップを目指して
第16回	専門人材編	デジタルハリウッド大学	座間味涼子	大学の特徴を生かした新しいインターンシップを目指して
第17回	解　説　編	経済産業省 産業人材政策室長	能村幸輝	令和時代の新たなインターンシップに向けて
第18回	専門人材編	湘北短期大学	小島裕子	成功するインターンシップと専門人材
第19回	学　長　編	明治大学学長	土屋恵一郎	リベラルアーツとしてのインターンシップへの展望
第20回	解　説　編	CIAC代表理事	松高　政	連載を終えて――今求められるインターンシップと専門人材

鼎談：右から湘北短期大学宮下理事長、CIAC 松高代表理事、三重大学駒田学長

4 人の専門人材によるパネルディスカッション

動きは、今後も出てくるであろう。

日本経済団体連合会「採用と大学教育の未来に関する産学協議会」も、今年 4 月に「中間とりまとめと共同提言」を発表し、インターンシップと採用について、現在も具体的な各論について議論が続いている。「未来投資戦略フォローアップ」（2019 年 6 月閣議決定）には、「今後の時代にふさわしい学生と企業の就職・採用の在り方について、2019 年度中に検討を開始する」とある。この趣旨は、「ふさわしい就職・採用の在り方」が“あるか否か”の検討ではなく、ふさわしい在り方が“ある”という前提で、“それはどのようなものなのか”を検討する、ということである。つまり、インターンシップの在り方を変えて、これまでとは違う新たな位置づけ、活用方法を考える、ということであろう。

インターンシップは採用につなげてはいけない、というこれまでの言い分はもはや崩れつつあり、どのようなインターンシップであれば採用につなげていいのか？という議論の流れは、もう止めることはできない。

インターンシップは、採用につながるのか？

2004 年 4 月 5 日の日本経済新聞一面に掲載された記事の写真には「富士通の『ワンデーインターンシップ』には多くの学生が集まる」とある。今から 15 年も前の記事である。「ワンデーインターンシップ」はすでにそのころから行われていたのである。今にはじまったことではない。就職協定が廃止され、その後の採用選考に関する企業の倫理憲章もほとんど機能していなかった空白の時期があった。このあたりの事情は、海老原嗣生氏の著作『お祈りメール来た、日本死ね「日本型新卒一括採用」を考える』（文春新書）に詳しいので、それに沿って簡単に見ていきたい。海老原氏が当時編集長をしていたリクルートワークス研究所が発行する「Works」54号（2002年10月―11月）では、「インターンシップが“流行”から“常識”となる日。」という特集が組まれている。そこでは、早期採用活動を目的としたインターンシップが、異常な盛り上がりを見せている状況がレポートされている。東証一部上場企業のうち、2002年度にインターンシップを実施する予定の企業は23.1％とほぼ４社に１社となっている。実施する目的としては45％が「採用目的」であり、続いて「大学とのパイプ作り」17％、「企業PR」15％と、約80％が採用活動の一環である。

中堅・中小・地方企業においても「星の数ほどの企業」がインターンシップを実施していた。しかし、「就職超氷河期」と呼ばれた当時であっても、中小企業には学生が集まらず、各地の経済団体も総出でインターンシップを推進していた。

中小企業にしてみれば、学生は大企業ばかりに集中し、内定を出したところで簡単に辞退されてしまう。結局、採用活動で起きていることが、インターンシップでも同じように起こっているだけのことだ。海老原氏の言葉を借りれば「一括採用が一括インターンシップになっただけの茶番」である。

では、その後、どうなったのか？　2002年12月４日付け日本経済新聞によると、採用が早期化する問題として、①内定辞退者が増える、②知識や精神面での準備が不足している学生が増える、③採用活動が長期化するために業務コストが増える――と企業側が挙げている。

学生側も、57.4％が内定を辞退した経験があると回答し、入社誓約書を提出した後に辞退した学生も16.8％もあった。

早期に採用活動を始め、内定を出したとしても入社までうまく導くことができず、後から採用活動を始めた人気企業に学生を奪われてしまう。結局、もう一度、採用活動を行わざるを得ない。このように手間もエネルギーもかかる割には、成果につながらないことが分かり、2004年卒からの倫理憲章強化を良い機会として、インターンシップを経由した早期採用活動は姿を消していった。

問題の構図は、今と全く変わらない。15年前にうまくいかなったことを、今、どのように工夫をし、進めていくのであろうか。

2002年８月26日付け日本経済新聞のインターンシップ関連記事の最後にこのように書かれている。「採用制度の中にインターンシップをどのように位置づけていくのか、産学が連携して再検討すべき時に差し掛かっている」。再検討すべき時期に差し掛かり、早15年。そして今また同じように再検討が始められている。

海外のインターンシップは採用につながっているか？

前述の二つ目の海外との比較についてである。海外のインターンシップについて、「海外のインターンシップは、採用直結型だから、日本とは違う」、「日本とはそもそも雇用形態も違うから参考にならない」は、お決まりのフレーズである。

全米大学・雇用機関協会（NACE：National Association of Colleges and Employers）の2017年度の調査によると、アメリカのインターンシップの実施目的は「採用」が75％である。そこから実際に採用につながるのは、51.3％。この数字だけを見ると、確かに、アメリカのインターンシップは採用直結型である。

ではなぜ、採用につながるのか？　インターンシップ期間中の業務としては、「新入社員レベルの課題解決」が35.3％、「プロジェクトマネジメント」24.1％である。日本のインターンシップによくある「事務的業務」は8.4％、雑用的な「不随業務」は1.7％である。アメリカのインターンシップでは、学生の能力を高め、実際の仕事に近い内容がプログラムされている。アメリカでインターンシップといえば、当然、有給である。2017年では平均時給18ドルを支払っている。日本円（1ドル＝110円）に換算すると1,980円であり、決して安い賃金ではない。アメリカでは、長期間、新入社員レベルの仕事をやらせ、時給を支払う。そこまで手間暇、コストをかけて、2人に1人が採用につながる。しかし、採用につながるより大きい要因は専門人材の存在である。海外において、インターンシップが高等教育の基本的機能として組み込まれている国では、例えばInternship Coordinator、Co-op Faculty、Career Educatorと呼ばれる専門人材が一般的に存在し、教育的効果を高める重要な役割、機能を担っている。

アメリカの学生がインターンシップに行く場合、まずはキャリアセンター等の部署に在籍する専門人材と面談をし、自身の専門分野、将来の進路、キャリアビジョン、獲得したいスキル等を擦り合わせ、最適な企業を紹介してもらう。日本の学生のような、名前を聞いたことがあるから、なんとなく興味があったからと、ナビサイトで安易に申し込むということはしない。ましてや、1Dayインターンシップという言葉すらない。つまり、アメリカの場合、その企業にインターンシップに行く時点で、学生との親和性が高いのである。だから、ミスマッチ率が低く、採用にもつながり易い。学生にも、企業にも、大学にも、メリットをもたらすように間をつないでいるのが専門人材なのである。

教育的効果も高く、採用にもつながるインターンシップ

カナダの「カナダ・コーオプ教育協会」のマニュアルには、専門人材について、次のように定義されている。

「専門人材は、専門職員、教員、あるいは事務職員等、職種に関わらず、役職名（コーディネーター、エデュケーター、コンサルタント）や当該役職に就くために必要とされる学歴（ディプロマ、学位、大学院学位）に関わらず、いかなるプログラムにおいても主力スタッフである。専門人材は雇用組織（企業）を勧誘し、学生の興味を惹き、学習者を育て、教育組織内のあら

ゆるレベルにおいて、そして外部団体に対して、プログラム領域や専門知識領域の代弁者となる」。

日本のインターンシップが、教育的効果も生み出さず、採用にもつながらない大きな要因は、専門人材の不在である。

現在、1Dayインターンシップは花盛りである。もし仮に、15年前と同様、インターンシップが採用につながらず、姿が消えていったらどうなるであろうか？　その後に、一体何が残るのだろうか？　焼野原のように、採用につながるインターンシップに焼き尽くされてもう一度、インターンシップを一から作っていくことになるのだろうか？

そうならないためには、採用につながるインターンシップの対抗軸としての教育的なインターンシップを確立しておくことが重要である。

企業側から、「大学は、インターンシップを教育的、教育的と言うが、具体的に、どの大学の、どのインターンシップのことなのか、それは日本の大学全体の中でどのくらいあるのか？」と問われたら、どのように答えるのか？　その問いに答えられないのであれば、「結局、口だけ、何もできていない」と思われ、相手にされないだけであろう。敵対関係になる必要はないが、大学側が企業側ときちんと座組ができる状態になっていなければ、対等な議論は始まらない。

2017年の文部科学省調査によると「インターンシップの事前・事後教育」を実施していると回答した大学は95％を超える。しかし「事前・事後教育いずれも受けていない」と回答している学生は50％を超える。「実施目的を一部もしくは全ての企業とすり合わせている」と回答した大学は60％である。企業側は75％が「行っていない」と回答している。このような状況にもかかわらず、「インターンシップの教育的効果（質的）」に90％の大学が満足と回答している。いったい何に満足しているのであろうか？　これが、日本のインターンシップの現状である。

教育的効果の高いプログラムの構築・運営ができ、大学等と企業との間で調整を行う専門的知見を持った人材の育成は急務である。そして、大学教育を変える、未来を拓くインターンシップのために、今こそ、専門人材の出番である。

本シリーズは、インターンシップ専門人材育成に連携して取り組んでいる独立行政法人日本学生支援機構（JASSO）と一般社団法人産学協働人材育成コンソーシアム（CIAC）が共同で進めてきた。

本連載は、来春にも書籍としてジアース教育新社より刊行予定である。また、本連載第二弾も来春からスタートの予定である。ご期待頂きたい。

（初出　文部科学教育通信No.471　2019年11月11日号）

あとがき

VUCA（Volatility（変動性）、Uncertainty（不確実性）、Complexity（複雑性）、Ambiguity（曖昧性）といった要因による将来の予測困難さを表す語）と呼ばれるこの時代、来るべき未来社会がどのようなものになるのか、それにどのように対応していくべきなのか、政府・民間を問わず、模索と試みが続けられている。大学教育とそれを取り巻く社会との関連性も当然のこととして、そのような取組の対象の重要な一翼を占めている。近年はそのことの議論の起点や発信が、官邸・内閣府から先駆けされることが多く、教育政策の枢要なアクターであるべき文部科学省・中央教育審議会の対応は官邸・内閣府の動きを受けてなされることが多くなったように思われる。そのことについての議論は多々あろう。だが、本書のメインテーマであるインターンシップ専門人材の育成・配置に関する提案は、「未来投資戦略2018」に盛り込まれており、上記の潮流の中に位置付けられている。大学教育や企業社会での人材育成といった限られた領域だけではなく、広くこれからの社会の在り方を問うていくきわめて未来志向的で、その解を何とか求めようとする政策の中心的な議論の中にあることは、あらためて確認しておきたい。

インターンシップ専門人材の育成や配置が提唱されたのは、2018年5月31日の文部科学省高等教育局専門教育課による事務連絡文書「大学改革としてのインターンシップの推進に係る専門人材の育成・配置について——組織的なインターンシップの推進に向けた、専門人材の役割の明確化——」においてであり、まだ2年もたっていない。この「大学改革としてのインターンシップ」という野心的なタイトル文書で示されたインターンシップ専門人材育成のプログラムの全体デザイン（具体については、本書の松高論稿を参照されたい）のうち、ステップ2（実践できる）とステップ3（変革できる）の部分を担うべく、一般社団法人産学協働人材育成コンソーシアムは、昨年から「インターンシップの推進に係る専門人材研修会」【STEP 2：実践編】と同【STEP 3：発展編】を東京と京都で開催し、インターンシップ専門人材とは何かを示しつつその育成に努めてきた。研修会参加者による、インターンシップ専門人材コミュニティの構築と発展も順調に進捗し、専門人材の同志的集まりとして、それぞれの相互研鑽による成長・能力開発の輪とサイクルが100人以上のコミュニティの中で機能している。目を見張るほど、動きは急テンポで進んでいるのである。本書における、専門人材による9つの実践レポートはそのメンバーの手によるものである。研修会で彼・彼女らが獲得できたこと、相互の交流によって刺激を受けたことが、本書の各レポートに反映されていることは言うまでもない。未来投資戦略での提言は、未だ構想・観念の次元に留まるものであったろうが、今やリアルの場で、インターンシップ専門人材とそのコミュニティが日々実際に成長しているのである。さらに、実践編・発展編と研修会参加を経たものには、CIAC 認定インターンシップ・コーディネーターの資格が授与されるに至っている。

大学が社会とのより強い関連性や複雑な相互関係を求められる動きは、近年急速に強まっている。大学が社会と融合され、全く新しい概念化が求められるような社会システムが巧まずして創生されようとしているのかもしれない。高等教育政策の具体的なイシューとしては、インターンシップの更なる発展と充実はもとより、産学連携の強化、大学経営への外部者参画、リカレント教育の充実、実務家教員の育成などを列挙することができるが、それらは、まだ我々にはその全体像が見えない、より巨大で根源的なシステム変容の断片に過ぎないのかもしれない。大学と社会との境界線はどんどん希薄になっているのだ。ミネルバの梟の喩えではないが、その相貌が見えてくるのには、今少しの時間が必要なのだろう。

ただ、その中でインターンシップは、大学教育としての新たなプログラムという観点から、我々の視野を広げてくれる幅と奥行きを持ったイシューである。就業という社会体験を、大学側と企業側の協業、学生の主体的な学習への構えといった要素を織り込みながらプログラム化できれば、そしてカリキュラム全体の中で大学教育のプログラムとして再構成できれば、大学と社会が相互的に、学生の学びを媒介項としながら、新しい社会システムを構築することにつながっていくことが期待される。現在の質保証体制の下では、大学は教育プログラムを提供する供給者としてその適切な教育内容と教育方法を体系化・構造化することに懸命に注力しており、教学マネジメントの確立を軸にしながら、その動きは加速化されていくであろうが、大学と企業との対話と協働によるインターンシップは、全く新しい方法論による「大学教育の作り方」の創出、つまりは社会システムのイノベーションにつながることが期待されるのではないだろうか。インターンシップそれ自体が、常に革新的な契機への可能性を兼ね備えているように思える。その内実にどのように迫っていくのか、試みは手探りで始まったばかりであろう。

本書は、上記のような問題状況の中で、その一端にまずは迫るため、実態をリアルに表現する実践的なモジュールを主要な二本の柱として構成されている。インターンシップ施策を学内的にリーダーシップを持って推進する学長へのインタビュー記録と、インターンシップ事業の最前線でのインターンシップ専門人材の日々の実践記録である。

大学教育改革がドラスティックに進められている現在、大学教育改革とインターンシップの革新はその関連性を新たな局面の下で深化し複雑化していくことになるだろう。その問題構造については、本書の拙稿を参照されたいが、大学教育改革と密接に連動した、インターンシップの充実と革新を推進するためには、自学の教育改革を積極的に推し進めている学長のリーダーシップが欠かせない。本書の学長インタビューは、そのような認識に基づき、自学の教育改革とインターンシップの革新に積極的・意欲的に取り組んでおられる個性的な学長の方々を取り上げた。本書に採録された学長インタビューの記録では、それぞれの文脈で、簡単ではない様々な局面に向き合いながらも、適切な施策判断と丁寧な調整を行い、ぶれない姿勢で改革方針を策定し、独自のリーダーシップを発揮しながら、教育改革とインターンシップの実施を進めてきた様子が語られている。学長のリーダーシップといえば、高等教育政策的には、大学のガバナンス、マネジメントや内部質保証システムの構築といった文脈で課題視されることが多いが、インターンシップにおいてはアイデア企画、計画の具体化、対外折衝、プログラム構築、実施、評価、スタッフの合意調達と動員といったリアルでプロダクティブなプロセスをコントロールするリーダーシップである。一読されて明らかなように、いきおい、各学長の意志と個性が反映したものとなる。

一方、インターンシップ専門人材は、彼・彼女らの多様な出発点とそれぞれの文脈に対応しながらインターンシップ・プログラムを実践してきた貴重な記録を描いてくれている。インターンシップ・プログラムは、受け入れ先企業、学内関連部署の職員、教員、大学執行部といった複数のアクターが錯綜し、そこでのプログラム実施はある種のポリティクスとなっている。そこでは、業務に関わる専門的なスキルはもちろん、専門的職員としての主体的で臨機応変な判断力や実行力も求められている。現代の大学においては多様な専門的職員の役割と機能が求められているが、そのなかでもインターンシップ専門人材は特に複雑で錯綜したパズルに向き合っているのではないか。それぞれのストーリーがあり、注目すべきは専門人材の方々が、自らのストーリーと研修会での成果を振り返りながら、自身の能力開発、あるいはさらに進んで組織内でのコーディネーションの高度化、つまりは組織開発の域にまで、取組を進めていっていることである。

実践の積み重ねと記録、そして個々の出来事での気づきは、未だプリミティブなものかもしれない。だが、大学教育と社会との融合という潮流は始まったばかりであり、杳として先行きを簡単には見通すことはできない。その大きな物語の中での理論的な整理もこれからというものであろう。先導的な学長やインターンシップ専門人材が、大学教育改革とインターンシップの革新にチャレンジしていく先駆者としての多様で多彩な役割を、果たしていくことに期待したい。

本書はインターンシップ専門人材の育成と配置のための、研修プログラム構築と実践を契機として生まれたものである。文字通りゼロからの出発であり短期間によくぞここまで到達したものと感慨深いものがある。そのスピードは本書の成果を受け継ぐ動きにも、おそらくは引き継がれるものであり、本書でまとめられた「最初の一歩」

の上に新たなステージでの研究的成果が出されるのも、そう遠いことではないと私は予感している。ことの展開はさほどのスピードなのだ。ただ、本書はその最初の号砲を放った。そのことの自負を述べることは大方の海容を得られるのではないか。あらためて、インタビューに応じてくださった学長や、執筆を担当してくれた専門人材各位の尽力に心よりの謝意を表したい。

2020 年 1 月　川島　啓二

インターンシップに関する基本資料

・「2040年に向けた高等教育のグランドデザイン（答申）」中央教育審議会　平成30年11月26日

・「大学改革としてのインターンシップの推進に係る専門人材の育成・配置について」（事務連絡）　文部科学省　平成30年5月31日

・「インターンシップの基本的な考え方と政策等の変遷について」日本学生支援機構　平成29年10月31日

・「インターンシップの更なる充実に向けて　議論の取りまとめ」文部科学省　平成29年6月16日

・「「インターンシップの更なる充実に向けて議論の取りまとめ」等を踏まえた「インターンシップの推進に当たっての基本的考え方」に係る留意点について～より教育的効果の高いインターンシップの推進に向けて～」（文部科学省、厚生労働省、経済産業省）平成29年10月25日

・「インターンシップの推進に当たっての基本的考え方」（文部科学省、厚生労働省、経済産業省）平成27年12月10日一部改正版

・「教育的効果の高いインターンシップ実践のためのコーディネーターガイドブック」（経済産業省）平成25年

執筆者一覧（50音順）

※肩書きは執筆当時

井上　示恩（いのうえ・しめおん）
独立行政法人日本学生支援機構学生生活部長

岩﨑　憲一郎（いわさき・けんいちろう）
独立行政法人日本学生支援機構学生生活部学生支援企画課キャリア教育室長

宇賀田　栄次（うがた・えいじ）
静岡大学学生支援センターキャリアサポート部門准教授。公益社団法人ふじのくに地域・大学コンソーシアムインターンシップ推進委員会委員長。民間企業での人事責任者、採用支援企業の代表を経て大学教員へ。国家資格キャリアコンサルタント。

小川　美夏（おがわ・みか）
北翔大学・北翔大学短期大学部キャリア支援センター課長・副センター長・非常勤講師。総務課・人事給与課・秘書課・企画課を経て現職。2018年4月より非常勤講師としてキャリア科目を担当。国家資格キャリアコンサルタント。

金子　美和（かねこ・みわ）
埼玉女子短期大学キャリアサポートセンター長補佐。1999年に埼玉女子短期大学を卒業後、ホテルに勤務し、2001年より母校の職員へ。広報室を経て現職。国家資格キャリアコンサルタント。

川島　啓二（かわしま・けいじ）
京都産業大学教授・学長特命補佐・初年次教育センター長、一般社団法人産学協働人材育成コンソーシアム理事。文部科学省国立教育政策研究所高等教育研究部長、九州大学基幹教育院教授・次世代型大学教育開発センター長を経て、2017年9月から現職。専門は高等教育論。FDや大学組織、学生支援について研究。大学教育再生加速プログラム委員会（AP）委員、日本学生支援機構「学生支援の取組状況に関する調査協力者会議」主査などを歴任。

小島　裕子（こじま・ゆうこ）
湘北短期大学インターンシップセンターオフィスコーディネーター。商社勤務を経て2007年より現職。事前・事後学習授業全15回のコーディネートも担当。国家資格キャリアコンサルタント、産業カウンセラー。

小原　寿美（こはら・ひさみ）
広島文教大学・人間科学部・グローバルコミュニケーション学科・講師。2016年、特任講師として赴任後、全学のインターンシップを担当。他に、キャリア形成科目、日本語教員養成科目、ジェンダー科目、教養科目等の授業を担当。

座間味　涼子（ざまみ・りょうこ）
デジタルハリウッド大学キャリアセンター長民間の人材サービス会社でのキャリアコンサルタントを経て2012年より現職へ。国家資格キャリアコンサルタント。

田中　久美子（たなか・くみこ）
島根大学教育・学生支援機構キャリアセンター就職支援部門長（講師）。前任校でインターンシップ専門人材として活動した経験を活かし、現在はキャリア教育や就職活動支援の業務に携わり、正課外教育の効果に関する研究に取り組む。

田部　良司（たなべ・りょうじ）
岐阜協立大学キャリア支援課主査。民間企業で人事等管理部門の業務と、労働局で就職支援業務を経て現職。キャリアコンサルティング技能士とファイナンシャルプランナーの資格を活かしたキャリア支援に携わっている。

松高　政（まつたか・まさし）
一般社団法人「産学協働人材育成コンソーシアム」代表理事。京都産業大学経営学部准教授。研究テーマは、産学協働教育、学校から職業への移行、若年層のキャリア形成・職業能力開発。経済産業省「教育的効果の高いインターンシップの普及に関する調査委員会」委員、文部科学省「インターンシップの推進等に関する調査研究協力者会議」委員、「インターンシップ推進方策実行ワーキンググループ」委員、独立行政法人日本学生支援機構「キャリア教育・就職支援事業に係る協力者」等を歴任。

八坂　徳子（やさか・のりこ）
尾道市立大学キャリアサポートセンター特任講師。民間企業の役員として人事・管理部門に携わり、その後大学職員（就職支援）を経て大学教員（キャリア教育）へ。国家資格キャリアコンサルタント。

頼本　維樹（よりもと・ゆいき）
独立行政法人日本学生支援機構学生生活部長

大学教育を変える、未来を拓くインターンシップ

令和2年5月1日　初版第1刷発行

監　修　一般社団法人産学協働人材育成コンソーシアム
協　力　独立行政法人日本学生支援機構
編　著　松高　政

発行人　加藤　勝博
発行所　株式会社ジアース教育新社
〒101-0054 東京都千代田区神田錦町1-23 宗保第2ビル5F
TEL 03-5282-7183　　FAX 03-5282-7892

表紙デザイン　土屋図形株式会社
印刷・製本　　シナノ印刷株式会社

ISBN978-4-86371-547-9
Printed in Japan
定価は裏表紙に表示してあります。
乱丁・落丁はお取り替えいたします。